Investment

Investment

Investment

Investment

原物料投資

Commodity Investment

最該搞懂的事

盧冠安　著

目錄

part 3 | 原物料的迷思與賣出時間點——兼論廠商如何避險

part 4 | 原物料的投資工具──謊言與事實

part 5 原物料萬花筒──原物料個別剖析

前言——投資不必單戀股票

　　說到投資，世界主要的投資標的有五種：股票、債券、外匯、原物料與房地產，而台灣的財經界以投資股票或房地產為主，債券與外匯也有部分人提及，但原物料始終乏人問津。這種在投資上都集中在股票的「症狀」，我稱為「股票中心主義」或者「大股票思想」，也就是提到投資就只討論「那檔股票可以賺大錢」、「現在該買哪檔股票」等，而不是「現在那種資產的表現比較好？」這類較有宏觀視野的語言。畢竟若其他資產表現比股票好，何必單戀股票？當你知道石油、黃金或小麥也可以賺到 50% 以上甚至更高的獲利，而別人卻為了一碗牛肉麵漲 10 元而怨天怨地怨政府時，你就會知道原物料的神奇魅力所在了。

　　本書出版時，美國股市已經從 2009 年三月的底部上漲了超過 300% 以上，而美國股市的本益比達到歷史第二高；債券價格也在歷史高點附近（也就是殖利率在歷史低點附近），至於房地產價格也是高不可攀，可以說這三類資產目前都處於嚴重的泡沫當中。因此，（若你不放空的話）目前除了賭相對價值的外匯之外，只有原物料具有投資價值。所以你要選擇繼續在歷史高點附近的股票、債券或房地產「刀口舔血」，還是投入被低估的原物料呢？如果你選擇後者，那麼這本書和我上一本著作《掌握投資金律》將會是你最好的指引，這兩本書將協助你透過投資，在資產增值的時候也更加了解世界的運作。

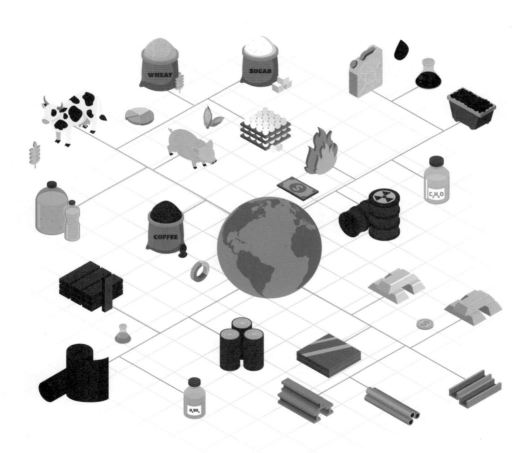

Part 1

原物料簡介與
價格簡史

一、什麼是原物料（commodities）

原物料（commodity，複數型 commodities，或譯為商品、大宗商品、原材料）又稱為天然資源（nature resourcces）或原材料（raw materials），一般是指可以大量生產且具有可交換性（fungible）的物品，例如純度 100% 的 1 盎司黃金可用另 1 盎司相同純度的黃金代替，而不論這個黃金的產地、形狀、冶煉過程如何。原物料是五大類資產中（股票、債券、外匯、原物料、房地產）的一種，屬於實體資產（real asset，股票與債券屬於金融資產）。原物料的種類有金屬、能源、農產品共三大類，而金屬類又可分為貴金屬（precious metal）與工業金屬（industrial metal 或 base metal，或譯為基本金屬、卑金屬）兩大類。在各類原物料中，貴金屬的流動性（可變現性）最大，而農產品種類最多。然而，不論是汽油、銅、玉米或小麥，這些都是日常生活最常接觸的東西，你覺得會比一張台積電的股票更難理解嗎？因此，請敞開心扉接受原物料，讓我們的資產追隨著物價開始起飛吧！

原物料的種類雖然很多，但是由於交易的便利性，我們可以投資的種類多半是在金融市場上有期貨交易的原物料（雖然我不推薦以期貨做為原物料的投資工具，我較推薦以 ETF 做為投資原物料的主要工具，但原物料需要有期貨市場才能建立 ETF，詳情請見 Part4），而世界上主要交易的原物料期貨種類，請見表 1—1。

表 1—1 ▶ 全世界主要交易的原物料期貨種類

原物料期貨名稱	分類	報價單位
金	金屬一貴金屬	美元 / 盎司（ounce，又稱為英兩）
銀		美元 / 盎司
鉑（Platinum，Pt）		美元 / 盎司
鈀（Palladium，Pd）		美元 / 盎司
銅	金屬一工業金屬	美：美分 / 磅 英：美元 / 公噸
鋁		美元 / 公噸
鉛		美元 / 公噸
鋅		美元 / 公噸
鎳		美元 / 公噸
錫		美元 / 公噸
輕原油 （西德州中級原油， WTI）	能源	美元 / 桶（barrel）
布蘭特原油		美元 / 桶
RBOB 汽油		美分 / 加侖
熱燃油（取暖油）		美分 / 加侖
天然氣		美元 / 百萬英國熱單位（mmBTU）
小麥	農產品一穀物	美分 / 英斗 （bushel，又稱為「葡氏爾」）
玉米		美分 / 英斗
黃豆		美分 / 英斗
糙米		美分 / 英擔（quintal）
黃豆粉（Soy meal）	農產品	美元 / 公噸

（粗體字表示會於本書 Part5 詳細介紹的原物料）

（報價單位中的美、英，分別代表美國與英國的期貨交易所）

原物料期貨名稱	分類	報價單位
黃豆油	農產品－油脂	美分／磅
棕櫚油		馬幣／公噸
咖啡	農產品－軟性商品（soft commodities）	**阿拉比卡（美）：美分／磅，羅布斯塔（英）：英鎊／公噸**
可可		**美：美元／公噸英：英磅／公噸**
糖		**美分／磅**
柳橙汁（FCOJ）		美分／磅
棉花		**美分／磅**
橡膠	農產品	日圓／公斤
木材	農產品	美元／千板英尺（mbf）
活牛（Live cattle）	農產品－牲畜	美分／磅
瘦豬（Lean hog）		美分／磅
飼牛（Feeder cattle）		美分／磅

（粗體字表示會於本書 Part5 詳細介紹的原物料）

（報價單位中的美、英，分別代表美國與英國的期貨交易所）

　　也就是說，我們聽到新聞報導的「國際油價」其實是洲際期貨交易所（Intercontinental Exchange，簡稱 ICE）交易的布蘭特原油期貨（Brent Crude Oil future），而「國際玉米價格」就是芝加哥商業交易所（Chicago Mercantile Exchange，簡稱 CME）交易的玉米期貨價格，這點各位讀者需要牢記。

二、為什麼現在要投資原物料？

　　經歷了 2011 年（或 2012 年）到 2015 年的下跌，多數原物料在 2015 年底到 2016 年初打底，到目前均有一定程度的上漲。但有不少人懷疑這次原物料上漲，是一次空頭反彈還是再一次長期多頭的開始？我認為以下幾個原因應該可以確保原物料不是一次空頭反彈，而是另一次長期多頭的開始：

（一）美元再度開始貶值週期

（二）經濟成長已經走到循環後段

（三）原物料 / 股市的比例為歷史低點

關於以上三點，我們將在 Part2 詳述。

三、原物料與股票的交替循環
（1877 年至今）

　　根據經濟學者研究，原物料與股市在長期循環上有負相關的現象，就是股市長期上漲時，原物料多半長期下跌；而原物料長期上漲時，股市多半長期下跌。而從 1877 年以來，原物料價格總共經歷 4 次的多頭和 4 次空頭。請見表 1—2。

表 1—2 ▶ **1877 年以來的原物料與股票交替循環**

（粗體字是原物料多頭時代）

時間	股票或原物料何者表現較佳	對金融市場具長期影響力的事件
1877 ～ 1907（持續 30 年）	股票	1907　美國銀行業危機
1906 ～ 1921（持續 15 年）	原物料	1914 ～ 1918　第一次世界大戰
1921 ～ 1929（持續 8 年）	股票	1929　美國股市崩盤，之後進入大蕭條時期
1931 ～ 1950（持續 29 年）	原物料	1933　美國禁止人民持有黃金，並把黃金價格上漲 69%（也就是讓美元對黃金貶值 69%） 1937 ～ 1945　第二次世界大戰 1944　布列敦森林協議開始實施
1950 ～ 1968（持續 18 年）	股票	1950 ～ 1953　韓戰

時間	股票或原物料何者表現較佳	對金融市場具長期影響力的事件
1968～1982（持續**14年**）	原物料	1959～1975　**越戰** 1971　**布列敦森林協議瓦解** 1973～1974　**第一次石油危機（第四次中東戰爭、OPEC 石油禁運）** 1979～1981　**第二次石油危機（伊朗伊斯蘭教革命、蘇聯入侵阿富汗、兩伊戰爭、伊朗人質危機）**
1982～2000（持續18年）	股票	1987　股市崩盤 1990　波斯灣戰爭引發第三次石油危機、蘇聯解體、全球房地產下跌
1999～?	原物料	2000～2003　網路科技泡沫、股市崩盤 2001　**911事件** 2001～2011　阿富汗戰爭 2003～2011　第二次伊拉克戰爭 2008　次貸危機，房地產及股市崩盤 2010～2011　阿拉伯之春（茉莉花革命） 2011/8　美國信用評等被調降 2011～2012　多數原物料創下歷史高點，開始下跌 2015～2016　多數原物料打底，開始上漲

　　由表1—2可以看出原物料和股市的確有交替循環，兩者的多頭平均約持續18年。而1999年開始這次的原物料多頭，多數原物料在2008年到2012年達到最高點，在2012年到2015年多數原物料下跌，2015下半年到2016上半年打底之後又再度上漲至今。由於2012年到2015年這波原物料下跌並未跌破2000年的低點，因此2015年到2016年開始的原物料上漲究竟應定義為1999年到2011年那波原物料多頭重新啟動，還是新一波原物料多頭，目前仍無法確定。

四、原物料在資產組合的重要性

　　很多研究證實：資產配置是長期獲利的關鍵，然而多數台灣人的投資組合都只配置股票或房地產，最多加上債券或外匯，大多數人幾乎都忽略了原物料的存在。事實上原物料是一個良好的資產組合不可或缺關鍵原素，原因如下：

（一）原物料可以分散投資風險

　　這是因為**原物料和股票在不同的景氣狀況下有不同的表現。通常隨著經濟成長，債券價格會先見頂而開始下跌、之後是股票見頂，GDP 則比股票晚些見頂，而原物料更晚見頂。因此當股票正在盤頭時，原物料可能剛要開始最燦爛的末升段行情。**例如 2007 年 10 月，全球股市從最高點開始下跌，而黃金這時候卻開始飆漲，從十月開盤價 743.25 美元飆漲到 2008 年 3 月的最高價 1032.2 美元，六個月內足足漲了 38.88%；更可怕的是石油價格，從 2007 年 10 月的 81.62 飆漲到 2008 年 7 月的 147.27 美元，在十個月內飆漲了 80% 以上！可見原物料和股市的高低點的確有落差存在，可以適當的分散股市的風險，甚至獲得超額的報酬率。

　　而學術界的研究也證實原物料可以分散股票與債券的投資風險，最有名的論文是 2004 年 6 月由高頓和魯文赫斯特博士所撰寫的〈原物料的事實與虛幻〉（Facts and Fantasies about Commodity Futures），文中提到原物料不論與股

票或債券，都有明顯的反向關係，而且與通膨有明顯的反向關係（表1—3）。

表 1—3 ▸ **1959 年 7 月到 2004 年 12 月原物料與股票、債券、通膨的相關係數**

（* 表示在統計上差異顯著，即 p<0.05，資料來源：Gorton & Rouwenhorst，2004）

	股票與原物料	債券與原物料	通膨與原物料
月相關係數	0.05	—0.14*	0.01
季相關係數	—0.06	—0.27*	0.14
年相關係數	—0.10	—0.30*	0.29*
5 年相關係數	—0.42*	—0.25*	0.45*

　　那麼為何原物料和股市的價格表現會呈現負相關？原因如下：所有的公司都需要原物料做為生產要素，因此當原物料價格上漲，公司的成本就會增加，毛利率自然降低；而原物料價格上漲也會降低民眾的購買力，且可能導致央行升息，這三者都會壓縮公司利潤。因此公司處於成本上升、民眾購買力降低（造成營收減低）與利息支出增加的不利狀況，股價當然就易跌難漲。例如上一波原物料大多頭的 1968 年到 1982 年，道瓊工業指數在這段時間就經歷了 6 次空頭（跌幅 >20%）。反觀原物料空頭的時代，廠商不用增加銷售量，利潤自然就會增加（因為成本下跌且民眾購買力增加，利率通常也較低），因此道瓊工指數在 1982 年到 2000 年從七百多點上漲到一萬一千多點，足足上漲了 15 倍，就是因為原物料價格長期處於低檔，公司成本下跌、民眾購買力上升且利率不會大幅上升，股價自然處於多頭走勢。

　　而債券和原物料的反向關係，當然是因為原物料價格上漲帶動通膨，此時央行被迫要升息對抗通膨，而利率和債券價格反向（請見我上一本著作《掌握投資金律》），因此債券當然也不會有很好的表現。

（二）股市也有長期空頭（或盤整）的時期，而原物料長期的表現不比股市差

任何資產都有多頭和空頭，這是金融市場的鐵律。因此把大部份的資產重押單一標的，並不是正確的投資決策。例如 1970 年代股市盤整了十多年，然而黃金卻從 35 美元上漲到 880 美元，白銀和石油都漲了二十幾倍。事實上，根據我和眾多專家的研究，原物料在長期以來的表現不會比股市差，例如上文提及的高頓教授所著的論文，原物料從 1959 年 7 月到 2004 年 12 月這段期間，平均每年報酬率為 5.23%，雖然稍小於股票報酬率的 5.65%，但是價格的標準差（價格波動程度的指標）也較股票較小，詳情請見表 1—4。

表 1—4 ▶ **1959 年 7 月到 2004 年 12 月原物料、股市與債券的每月及每年平均表現**

	原物料	股票	債券
月平均報酬（%）	0.89	0.93	0.64
月標準差（%）	3.47	4.27	2.45
年平均報酬（%）	5.23	5.65	2.22
年標準差（%）	12.1	14.85	8.47
報酬率＞0 的月份（%）	55	57	54

（資料來源：Gorton & Rouwenhorst，2004）

（三）原物料是對抗通貨膨脹（物價上漲）的最佳資產

這原理其實不難理解，因為原物料大漲總是會造成通貨膨脹，所以打敗通貨膨脹的方法就是從通膨的源頭著手—買進原物料。這點在前述的表 1—3

之中也可以看出來，尤其越長期的時間而言（表中的五年），原物料價格和通膨的相關性越大，巧合的是此時與股票的負相關性也越大，可見當原物料漲勢持續的越久，股市下跌的可能性越大。

（四）原物料的價格趨勢較容易掌握

　　股市（尤其是個股）同時受到宏觀和微觀的因素影響，例如利率、通膨、經濟成長率等宏觀因素，以及市場心理、政治事件、股利發放、法律修改、公司管理等微觀因素影響，因此分析股市幾乎是個永無休止的研究，而原物料卻只有三個因素會影響原物料的價格：供需、通膨預期、美元走勢，其中以供需最重要。因此原物料的走勢只需要圍繞在這幾點，尤其是對現在和未來供應與需求要徹底研究清楚，就可以找到最有飆漲潛力的原物料種類。

（五）原物料價格難以操縱

　　眾所周知，小型的股票市場常受到某些特定大戶或公司法人的操縱，例如台灣股市的一日成交量，有時候還比不過美國一檔 ETF 的成交量，因此全球成交量低的某些新興市場股市或個股特別容易被操縱。但是原物料價格基本上不會有這問題，因為原物料是全球市場，成交量多半很大，當有人（違反基本面）炒作把價格拉高的同時，原物料的生產者一定會很高興的把大量的原物料賣到市場上，這樣子價格就會跌回原點了。因此，原物料或許短期有可能受到操縱（但機率還是比多數股票小），但長期而言，最終都要反映供需、通膨預期、美元走勢這三項基本面因素。

Part 2

現在可以投資原物料嗎？

要投資原物料之前，當然要確定原物料是否仍處在上漲趨勢之中，那麼我現在可以給大家一個肯定的答案「**是的，原物料仍然會繼續上漲**」。為何這樣說？原因大概有以下三個：

一、美元再度開始貶值週期

美國雖然是不少種類原物料的大產國，但由於自身消耗量也很大，所以必需要大量進口原物料，因此多數原物料淨出口國並非美元使用國，但在國際交易原物料仍然以美元為主。所以某國在國際賣原物料所得的美元兌換為本國貨幣時，若此時美元貶值，當兌換為該國貨幣之後，金額將會減少，生產者因此可能會減產，原物料價格就較有可能上漲；若此時美元升值，當兌換為該國貨幣之後，金額將會增加，生產者因此可能會增產，原物料價格就較有可能下跌。各位讀者可以想像：若你在巴西種植黃豆，當年黃豆價格不變（美元計價），但美元兌巴西幣貶值 10%，那麼你將賣黃豆所得的美元兌換為巴西幣，將會（比美元未貶值前）減少 10%，此時可能會有不少農夫減少產量，黃豆價格就有可能上漲。所以美元和原物料價格有非常強烈的負相關性（美元貶值，則原物料容易上漲），可以說是五種主要資產（股、債、匯、原物料、房）之間相關度最高的。

所以我們想要投資原物料，就必須先了解美元的升貶值周期。我們可以從以下幾點得知，美元的貶值已經開始了。

（一）宏觀循環周期已經到美元貶值的年代

從 1971 年 8 月布列敦森林協議（Bretton Woods system）瓦解以來，美元（兌歐元）的升貶周期為：升值約持續 5 ～ 8 年，貶值約持續 6 ～ 8 年，兩次高點或低點約距離 12.5 ～ 16.5 年（平均約 14.72 年，請參考我的上一本著作《掌握投資金律》的 Part4）。而上一個美元最高點是 2000 年 10 月，往後加 12.5 ～ 16.5 年就等於 2013 年第一季到 2017 第一季，可見目前美元有極大的機會已經過了最高點。

而上一次美元最低點（也就是歐元最高點）發生於 2008 年 7 月，往後加 12.5 ～ 16.5 年就等於 2020 年第四季到 2025 年第一季，這就是我預期美元貶值到最低點（也就是原物料的可能最高點）的年代。而 2008 年 7 月（上一波歐元最高點）之後，歐元在 2017 年 1 月 3 日達到的最低點，之後已經上漲了 13%（以 2018 年 7 月收盤價的匯率計算），所以這波行情各位讀者請把握好了！

（二）川普政府的政策就是要讓美元貶值

川普政府為了促進美國出口，一定會用各種政策讓美元貶值，雖然政策的效用還是敵不過上述宏觀周期的因素，但如果兩者都是同向，那麼我們對趨勢的判對就可以更有信心了。而川普政府高層除了多次公開說明希望美元貶值之外，減稅政策也會促進美元貶值：這是因為減稅政策會造成美國赤字大增，因此美國需要印更多鈔票來填補財政缺口，當然會促成美元貶值。

（三）美國獨自升息的局面可能即將改變

　　2015 年到 2016 年，全世界主要國家之中只有美國升息，因此美元當然獨強，但是 2016 下半年開始，歐元區甚至日本都逐步透露升息意願，而市場的預期心理不需要等到真的升息才會影響匯率，因此美元的利差優勢就已經不在了，這點也可以從美國的 GDP 成長年率已經在 2016 年第一季被歐元區超越而證實（表 2—1）。

表 2—1 ▶ 2015 年到 2018 第二季美國與歐元區 GDP 成長年率（粗體字表示成長率較高的經濟體）

	美國 GDP 成長年率（%）	歐元區 GDP 成長年率（%）
2015 年第一季	**3.8**	1.8
2015 年第二季	**3.3**	2.0
2015 年第三季	**2.4**	2.0
2015 年第四季	2.0	2.0
2016 年第一季	1.6	**1.7**
2016 年第二季	1.3	**1.7**
2016 年第三季	1.5	**1.7**
2016 年第四季	1.9	**2.0**
2017 年第一季	1.9	**2.1**
2017 年第二季	2.1	**2.5**
2017 年第三季	2.3	**2.8**
2017 年第四季	2.5	**2.8**
2018 年第一季	**2.6**	2.5
2018 年第二季	**2.8**	2.2

二、經濟成長已經走到循環後段

當景氣從谷底開始復甦，股票、債券、原物料及房地產這四種資產的輪動順序如下：

房地產與債券→股市→ GDP →原物料

也就是說房地產與債券最先見頂，之後分別是股市、GDP，最後則是原物料見頂開始下跌。而從 2009 年 6 月結束衰退以來（請參考 http://www.nber.org/cycles.html），目前這波景氣復甦（截至 2018 年 7 月）已經過了 9 年的時間（而且也是二戰之後最長的一次經濟復甦），遠超過第二次世界大戰之後的平均值 58.4 個月，也就是說這次景氣循環已經走到了末段。而上文提及：當循環走到末段的時候，股市可能已經見頂，這時候就是原物料大顯身手的時候了。各位可以回想一下 2007 年 8 月到 2008 年 3 月黃金上漲近 61%（641 漲到 1032.3）及 2007 年 10 月到 2008 年 7 月石油（WTI）上漲 80.45%（從 81.62 漲到 147.27）的輝煌歷史（見圖 2—1），這兩次都是經濟成長走到後半段，因為通貨膨脹已經開始發作，因此原物料當然就跟著大漲。

圖 2—1 ▶ **2007 年 8 月到 2008 年 7 月石油、黃金與道瓊工業指數的表現**

—— WIT（石油）　　—— 金　　—— 道瓊工業指數

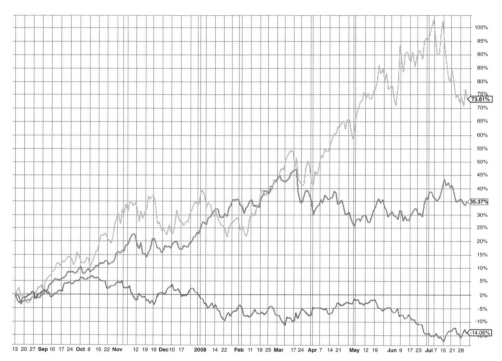

三、原物料 / 股市的比例為歷史低點

在 Part1 有說明過：原物料與股票在長期而言有負相關關係，因此當過去幾年股市大漲，原物料表現就頗為黯淡；所以若未來股市下跌，原物料表現就會開始變好。而現在原物料對股市的比例為數十年低點（圖 2—2），也就是說目前原物料過度低估而股市過度高估，那麼以投資的不變真理「買低賣高」而言，目前投資原物料且放空股市，應該是最符合投資準則的宏觀策略。有「新債券天王」之稱的 DoubleLine Capital 執行長岡拉克（Jeffrey Gundlach）就曾在 2017 年底直接說：「原物料的投資價值已經浮現。」

圖 2—2▶ 標普高盛原物料指數（S&P Goldman Sachs Commodity Index）和 S&P500 的比較，數字越低表是原物料相對股票下跌

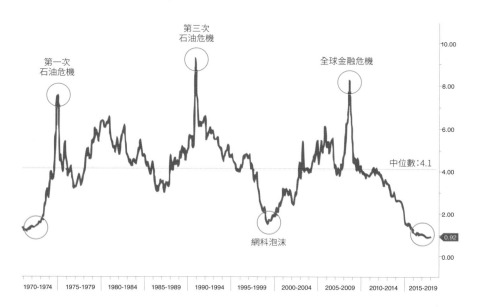

四、通膨預期

　　另外以下三個因素也會讓原物料上漲，但與 1999 年到 2011 年相比，這兩個因素的影響可能較小。分析如下：

　　所謂「通膨預期」就是消費者與生產者應對未來物價上漲的心理及行為，例如消費者預期未來物價上漲時，通常會提前屯貨備用，而生產者此時卻會屯貨居奇。所以當原物料價格剛開始上漲，此時若引起大眾產生通膨預期心理，就會造成大眾搶購原物料，使得原本就缺貨的原物料更加短缺、價格上漲也更快，這會再次引起更嚴重的通膨預期心理，而後再次引起物價上漲，這樣周而復始的循環之下將會導致原物料價格大漲。因此原物料的價格常常具有「自我催化性」，也就是高物價會引起更高的物價，我國在 2018 年 2 到 3 月搶購衛生紙的風潮，就是通膨預期心理的最好例證。而且多數的原物料其實的需求彈性很小（就是很難找到替代品），例如這幾年雖然替代能源科技蓬勃發展，但是能夠真正取代石油而且成本又夠低的科技卻很少，更不用說這些科技都有各自的限制：例如風力發電只能產生電力，並無法產生車輛使用的燃料，何況任何地方都不可能隨時都有風；而電動車雖然不用石油，但是他所需的電力可能還是火力或是核能發電產生。因此才會有人說，高油價的解套方法是更高的油價，因為油價要是沒有高到能夠吸引廠商突破政治貪腐、恐怖分子橫行或者惡劣天候等種種限制去大量開採石油，那供應量無法大量增加，油價怎麼可能下跌呢？

五、原物料供應短缺

　　原物料和世界上所有東西的價格都由最基本的經濟原理—供應與需求來決定。例如 2010 年第三季，全世界讓自家貨幣貶值的「貨幣戰爭」一觸即發，因此投資者就想要尋求較不易貶值的貨幣，因此市場對黃金需求量大增，黃金價格就水漲船高。而 2010 年夏季俄羅斯發生乾旱，小麥、玉米及黃豆等穀物因產量預期減少，價格就大幅飆升。可見不管是供應或需求，只要兩者無法平衡，原物料的價格就會朝向某個方向波動。另外常見的供需不平衡情形有：美國東部發生寒冬，取暖油、原油和天然氣的需求都會大增；而西非若多雨，可可容易罹患黑莢病，可可價格將會飆漲，但要是象牙海岸暴動平息，可可價格將會大跌。因此要了解原物料的價格波動，就必須盡可能的掌握可能影響供需的所有因素。至於造成原物料供需不平衡的主要原因有以下幾項：

（一）原物料廠商開始增產到能夠真正量產，有不小的時間差

　　原物料會供需失衡，主要原因就是原物料的增產都需要相當的時間，例如要開發新的油源，要先進行探勘，由於油源越來越枯竭，因此探勘到的小油田常常不敷成本而無法開採，當廠商好不容易探勘到一個比較大的油田，那麼從招募工人、興建鑽油平台、油管、租用或建造油輪等都需要相當的時間，甚至在先進國家還常要通過複雜的環境影響評估，以上種種過程都需要耗費相當久的時間（甚至到最後階段卻無法開發）。**以傳統方法開採原油通常需要 6 ～ 10 年的時間（頁岩油也需要約 6 個月）**，新產能才可以量產，其

他如金屬礦也是如此。就算是生產周期較短的穀物，也要種植三個月以上才可以收成，軟性商品則較穀物久，例如咖啡和可可種植之後都要 3～5 年才可以第一次收成，甘蔗需要 1.5 年，牲畜也需要一定的時間，如豬從出生到宰殺需要 4～6 個月，牛要 1.5 年才可以宰殺。

　　這些時間差造成供應常趕不上需求（例如 1968 年到 1982 年），而廠商一窩蜂增產之後又常造成供過於求（例如 1982 年到 2000 年），價格崩盤。這種情形在台灣的農產品價格上常可見到，例如颱風過後菜價大漲時，常有許多菜農搶種，但由於蔬菜需種植一段時間才可以收成，因此往往造成一段時間之後蔬菜產量大增，價格崩盤。所以當原物料價格在低點很久，就算已經起漲了 30%，廠商可能只認為這是一個小反彈而已，而不願意投入增加產能。當之後供需已經嚴重失衡讓價格漲更多之後，廠商才會開始增產，此時也要數個月甚至數年的光景才有足夠的新產能把價格壓下來，這點是每次原物料多頭都可以持續十多年的重要原因。

　　既然原物料從準備增產到真正開始量產有不小的時間差，這原理就可以套用到二次大戰之後的原物料循環（本段請對照 Part1 的表 1—2，將有助於理解）：原物料價格在第二次世界大戰因為產量減少而形成大多頭，二戰結束後由於廠商大量增產，因此在 1950 年左右，原物料價格崩盤。1950 年到 1968 年，由於原物料處於空頭，加上二次大戰之後的經濟復甦，因此股市展開了一個多頭走勢（道瓊工業指數約從 200 點上漲到近千點）。但這段時間因為原物料處於低檔的時間太久，廠商紛紛放棄增產，甚至生產成本較高的廠商紛紛倒閉，因此到了 1960 年代後期，原物料產能越來越不足。1970 年

代開始，布列敦森林協議瓦解^{（※註一）}，民間的黃金價格開始自由浮動，加上美國在 1970 年代早期，石油產量居然從最高點開始走下坡，因此 1973 年發生了第一次石油危機，背後的根本原因其實是：

1. 當時全世界石油的備用產能 <1%，已經嚴重不足。
2. 美元貶值：石油輸出國組織（OPEC）的收入是美元，美元貶值導致這些國家售油收入的購買力減低，他們當然想辦法要提高價格來彌補損失。

　　1973 年的第一次石油危機可以用另一件事情做對照：1990 年伊拉克入侵科威特，引發了第一次波斯灣戰爭及第三次石油危機，雖然世界上主要的兩個產油國發生戰爭，石油產量也的確減少很多，不過由於當時備用產能太過充足，因此油價只上漲幾個月就立刻回跌。可見戰爭或政治因素只是油價上漲的短期原因，長期的根本原因則是供需失衡。

　　因為各類的原物料產能在 1950 年到 1968 年間長期停滯不前，因此 1970 年代，發生了兩次石油危機，加上眾多政治事件的推波助瀾，各類原物料都有相當良好的表現。到了 1970 年代後期，各類原物料廠商均已投入增產，因此 1980 年之後產量大增，造成原物料價格崩盤。而這情況一直持續了約 20 年，一直到 1999 年到 2000 年，因為中國的經濟發展導致原物料進口大增，且原物料廠商因為 1980 年到 2000 年的低價而不願意增加產能，因此原物料在 2000 年之後價格大漲。

※ 註一：
布列敦森林協議（Bretton Woods Agreements）為 1944 年，世界 44 個主要國家於美國新罕布夏州的布列敦森林集會，會後決議將全世界的主要貨幣以固定匯率釘住美元，美元再以一美元＝1／35 盎司黃金的價格釘死黃金，而全世界央行可以自由用美元兌換美國國庫中的黃金，等於是一種間接的金本位貨幣體系。

（二）氣候因素

隨著溫室效應更加劇烈，全球極端氣候的發生次數也快速增加，這點影響了非常多的原物料供應（表2—2），例如2009年巴西降雨過多且印度發生乾旱，造成當年糖價飆漲了120%；而2010年第三季開始，馬來西亞和印尼降雨過多，也造成2010年的錫及橡膠價格大漲（因為兩者都是錫和橡膠主要產國），2018年全世界多國乾旱，小麥價格上漲20%以上。由此可知氣候因素不僅影響農產品，其他的原物料也會受到影響。判斷氣候因素對於原物料是否有影響，最重要的關鍵在於極端氣候是否出現在該原物料的主產區，例如銀的主產區在中南美洲，若中南美洲多雨導致礦坑坍塌，則銀價勢必大漲，因此白銀的投資者必須特別注意中南美洲的氣候。然而，長期的供需基本面趨勢仍然是最重要的，氣候因素只是推波助瀾；只是，若某種原物料已經供不應求，氣候因素當然就更重要了。

表2—2▶ 常見的氣候因素對原物料價格的影響

原物料名稱	造成該原物料上漲	造成該原物料下跌
銀	墨西哥或南美洲西岸多雨	墨西哥或南美洲西岸氣候溫和
銅	智利多雨	智利氣候溫和
錫	東南亞多雨	東南亞氣候溫和
原油	墨西哥灣區颶風多、 北美洲酷寒	墨西哥灣區颶風少、 北美洲暖冬
天然氣	墨西哥灣區颶風多、 北美洲酷寒或酷暑	墨西哥灣區颶風少、 北美洲氣候溫和
小麥	中、印度、澳、法、德、俄、烏克蘭、哈薩克、美、加、阿根廷均會影響	

原物料名稱	造成該原物料上漲	造成該原物料下跌
玉米	中、印度、俄、烏克蘭、美、墨、巴西、阿根廷、南非均會影響	
黃豆、黃豆粉、黃豆油	中、印度、法、德、俄、烏克蘭、美、加、巴西、阿根廷、巴拉圭均會影響	
糙米	美國、中國、印度、澳洲、東南亞均會影響	
棕櫚油	東南亞均會影響	
咖啡	巴西、越南、哥倫比亞均會影響	
可可	西非幾內亞灣一帶（象牙海岸、迦納）、印尼均會影響	
糖	巴西、印度、泰國、中國均會影響	
柳橙汁	佛羅里達或巴西均會影響	
棉花	美國、中國、印度、巴西、巴基斯坦均會影響	
橡膠	東南亞、印度、斯里蘭卡均會影響	

（三）地緣政治（geopolitic）的影響

　　人類的歷史上向來就不缺乏戰爭和各種政治角力，這些地緣政治事件常會對原物料價格造成影響（表 2—3）。另外有一點要注意：以原物料而言，幾乎都多少和油價有關係，這是因為石油主宰了運輸成本，因此油價幾乎影響了所有原物料的生產成本。

表 2—3 ▶ **常發生衝突或戰爭的地區及相對應的原物料反應**

原物料名稱	常發生衝突或戰爭且影響該原物料的地區
原油及其他能源類	中東戰爭或衝突、伊朗核子問題升溫
金	全世界重大戰爭（尤其中東地區戰爭）、南非罷工
銀	墨西哥、祕魯、智利或玻利維亞衝突或罷工
鉑	南非罷工
鈀	南非罷工、俄羅斯內鬥或政治紛爭
銅	智利或祕魯罷工
可可	象牙海岸或迦納罷工或戰爭

（四）資源國家主義（resources nationalism）

所謂的國家資源主義，就是在某類天然資源價格高漲時，某些原物料的大產國往往會對該國的原物料生產或銷售進行控管，甚至將該產業部門完全收歸國有的現象。但這些國家由於貪腐橫行，因此該產業被收歸國有之後，通常產量會減少，造成該原物料價格上揚，著名的例子如 1970 年代委內瑞拉將石油和天然氣產業收歸國有，2005 年到 2012 年俄羅斯每年底都會藉故跟西方的鄰國（如烏克蘭、白俄羅斯）發生「天然氣衝突」，以便從天然氣價格的上漲中獲得利潤以及外交的影響力，而澳洲 2010 年準備對礦業公司徵收高額稅率，其實也是資源國家主義的一種心理展現。這是因為在原物料供需失衡的時代，有原物料的生產國才是市場上的大哥，因此這些大哥當然可以為所欲為的敲詐小弟（非原物料產國），何況這些大哥已經在牢籠裡關了近二十年了：1982 年到 2000 年的原物料空頭，讓原物料產國有志難伸，甚至

頻頻發生債務違約！因此，投資原物料股票型基金並不是追蹤原物料價格最好的方法，因為當某些原物料公司被強制收歸國有，該公司的股價會下跌，但原物料價格則會上漲。

（五）礦源逐漸枯竭

增產需要開發新的礦藏，若是用原有的礦坑擴大開採，可能只是讓礦源提早枯竭罷了，例如南非經過了長久的開採，黃金礦源已經逐漸枯竭，因此在 2007 年，中國超越南非成為世界最大黃金產國就是最明顯的例子。

六、原物料需求大增：中國與新興市場的興起

　　無論是貴金屬、工業金屬、能源或是農產品，「中國因素」一直是這幾年原物料最重要的上漲推手之一。原因無他：中國的人口太多，而每個人可以分到的國內原物料產量卻非常的少（也就是「人均產量」很少）。這點很多人可能相當不服氣，認為中國是個「地大物博」的國家，其實真相是：中國是個「地很大，但物不博」的國家，以工業的基礎原料鐵礦砂來說，中國的鐵礦絕大多數都是貧礦，也就是含鐵量＜50％的鐵礦，這也就是為什麼中國每年要從澳洲，甚至遠在南美洲的巴西等國進口大量鐵礦砂的原因；而中國的小麥產量雖然是美國的一倍以上，但由於人口眾多，因此可供出口的量反而比美國少。

　　中國之所以這幾年原物料用量會大增，主因當然是中國人民開始慢慢變得富有（雖然大多數人相對來說仍然窮困），而富有之後，各種原物料的需求會大大增加，例如中國近年就超越美國，成為世界最大的汽車消費國，而汽車的製造牽涉相當多的原物料，如鐵礦砂、銅、鉛、鋅、石油（塑膠製品部分），因此當然原物料價格大漲。以上種種都是中國近年在原物料市場激起的層層漣漪（甚至可以說是瘋狗浪了），因此物價暴漲、通膨飛升、你我的口袋變薄了，指責中國是「元兇」絕對不誇張。

　　關於中國的原物料需求，可以從以下幾點觀察：以最重要的燃料及化工原料—原油來說，中國從 1993 年開始變成原油的淨進口國（net importer）以

來，到 2015 年為止，每日淨進口量已增至近 760 萬桶，已經足夠吃掉全世界第四大產油國加拿大的全部一日產能，可以想像供需的不平衡有多嚴重！而中國雖然在 2007 年超過南非成為世界第一大黃金生產國，但由於需求量也快速增長，因此中國的黃金仍然是供不應求的狀況，需要從國外進口。至於工業金屬的銅、鉛、鋅、錫、鎳、鋁，也都是被中國大口的吃掉全世界的備用產能，導致這些金屬在 2000 年之後都飆漲數倍，身價非凡，其中如鎳漲了近 13 倍（1998 年 12 月到 2007 年 5 月）、鉛漲了 8.5 倍（2002 年 9 月到 2007 年 10 月）、銅漲了 5.7 倍（2001 年 11 月到 2008 年 7 月），我們可以毫不誇張的說，假設你在 2002 年開始囤一張鉛板，不見得比你買中概股賺的少！

而近年中國的原物料龐大需求已經轉到農產品，這無疑是因為中國人富裕之後，肉類食用量大增，而玉米和黃豆的主要用途之一就是作為飼料，因此當然玉米和黃豆供不應求，開始需要進口。而中國的人均可耕地嚴重低於世界水平，也是造成農作物大多頭的原因之一，更嚴重的是，因為高漲的油價，因此世界各國競相使用農產品來生產生質能源，使得農產品價格易漲難跌。因此中國的原物料需求大增，但是國內生產卻無法滿足所需，這就是中國在 2008 年底至 2009 年中，趁全世界原物料價格暴跌時，大量收購世界原物料公司股權的原因。

除了中國，亞洲許多國家也開始在世界上爭奪原物料，比較有名的是印度、南韓和日本，這些國家顯然是原物料上漲的「幫兇」。例如印度這個人口僅次於中國大陸的國家，除了鐵礦之外，大部分原物料仍然需要進口，南韓和日本情況更糟，幾乎不生產任何礦產，而南韓這幾年經濟的突飛猛

進，更是帶動了旺盛的原物料需求，例如南韓已經成為全世界的液化天然氣（LNG，liquified nature gas）前幾大進口國之一，就連我們台灣這幾年也加入爭奪世界原物料大餅的戰局，例如中油公司已經在加拿大投資開採油砂，以保障我國的石油供應。未來幾年隨著東南亞與南亞等國的經濟發展，這些國家也預計將會加入全世界的原物料搶購熱潮，因此，資源大戰已經真實的在世界上演，而中國就是其中的主角，而各位投資人是想整天抱怨物價漲翻天卻無濟於事，或是跟隨大趨勢，趁機從這波通膨之中大賺一筆呢？

七、小結：自己做研究最重要

原物料價格未來幾年預計將會持續上漲，但是我並不認為每種原物料都會同步上升、同步下跌，例如 1970 年代的原物料多頭中，糖的最高價格是 1974 年達到的、可可的最高價是 1977 年，但黃金和白銀卻等到 1980 年 1 月才見頂，油價更晚。因此針對各別原物料的供需詳細做研究相當重要，尤其要對未來影響供需的重大因素都納入考量，並且量化評估、綜觀全局，才能有最大的獲利。目前看來，由於全球景氣可能已過高峰及美國頁岩油的量產，因此工業金屬與能源可能已經見頂，但預計貴金屬和農產品應該仍有不少的上漲空間。

Part 3

原物料的迷思與賣出時間點
——兼論廠商如何避險

一、原物料的迷思

（一）原物料賺的沒股票多

　　任何資產都有絢麗非凡的時代，也有被棄之如敝屣的年分。例如，2010年年初到 12 月 3 日收盤，台灣股市只漲了 5% 左右，而鈀在這段時間漲了88.36%、白銀這段時間漲了 73.77%，其他如棉花、咖啡、錫、小麥的漲幅也超過 40%，2010 年有幾檔股票或基金有這個績效？市場狀況瞬息萬變，需要敞開心胸接受那些想法和觀念，剛愎自用、保守的人很快就會被市場淘汰。不信各位可以想想，你的股票投資在 2000 年的網路科技泡沫和 2008 年的次貸危機中損失多少？你要是 2000 年時開始買進黃金（當時金價最低為 250 美元 / 盎司），現在的財產只怕早就翻了四或五倍了吧！

（二）股債平衡的投資方法就有穩定的報酬率，不需要投資原物料

　　有許多資料顯示將黃金（原物料的代表）或是原物料加入傳統的股債投資之後，可以得到更高的報酬率及更低的波動度（表 3—1）。大致上來說，股債平衡的策略在中低通膨時效果較好，但如果遇到停滯性通膨或長期高通膨，那麼加入黃金或原物料就可以獲得更好的報酬。

表 3—1 ▸ **1969 年到 2016 年不同資產組合的表現**

	60% 股票＋ 40% 債券	54% 股票＋ 36% 債券＋ 10% 黃金
年化報酬率（％）	9.16	9.32
波動率（％）	10.80	9.52

（資料來源：https://upfina.com/is-gold-a-good-investment/）

（三）原物料波動很大

　　資產配置的一個基本原理就是：波動越大的資產配置要越少，例如你 100 元的投資在第一年漲 20%、第二年跌 20%，這時候你的總資產損失 4% （$100 \times 1.2 \times 0.8 = 96$）；若這 100 元的投資在第一年漲 10%、第二年跌 10%，這時候你的總資產損失 1%（$100 \times 1.1 \times 0.9 = 99$）。從這兩個例子就可以看出波動率（Volatility）對資產報酬的長期影響。因此我們就要問：股票和原物料，何者波動較高？以下我先把重要的股票指數、類股和原物料 ETF 的標準差（計算波動率的一個指標）整理於表 3—2。

表 3—2▸ **主要股票指數、類股和原物料 ETF 的標準差，粗體字為該時段波動前三名的標的物**

標的物代號（全名）	三年波動率（%）	五年波動率（%）	十年波動率（%）
DIA（道瓊工業指數 ETF）	11.01	10.44	14.20
SPY（S&P500ETF）	10.14	9.78	14.98
QQQ（那斯達克 ETF）	13.61	12.44	17.46
XLF（美國金融股 ETF）	**14.93**	13.64	**24.50**
XLI（美國工業股 ETF）	11.78	11.50	**19.08**
XLU（美國公用事業股 ETF）	13.10	**13.89**	13.89
XLE（美國能源股 ETF）	**19.36**	**17.48**	**21.78**
GLD（黃金 ETF）	**13.76**	**16.01**	18.64
DBA（農產品 ETF）	10.46	10.95	16.47

（截至 2018 年 3 月 27 日，資料來源：Yahoo ！ Finance）

　　上述表列中，十年的標準差最大的其實是台灣投資人最常「存股」的金融股（XLF），而科技股（以那斯達克 ETF 為代表）的十年標準差也與黃金差不多，甚至比農產品（DBA）還高。我想多數台灣投資人都忘了國泰金、元大金等台灣著名的金控公司，2018 年 3 月 27 日的股價只剩下金融風暴前的一半，鴻海股價甚至不到金融風暴前的 1/3（2007 年 6 月鴻海股價最高 300 元，2018 年 3 月 27 日收盤價 91.2 元），因此若你買在最高點加上這些股票的高波動率，就算一年配息 4%，現在也不見得可以翻本（有興趣各位可以自行計算台積電若買在 2000 年 3 月的最高點，要多久才可以回本）。而黃金目前卻仍比金融風暴前高出 20% 以上。

　　所以原物料波動率比股票高，純粹只是一種成見，而且是一種錯的很離譜的成見。如果各位將資產大量配置在波動甚至比原物料還大的科技股與金融股，你晚上真的睡得安穩嗎？

（五）原物料投資管道很少（基金除外）

　　首先聲明，我不推薦以基金來投資原物料，原因我會於 Part 4 中詳細說明。但是除了基金之外，有其他投資原物料的工具嗎？其實現在國外的網路券商非常發達，我們根本不用購買基金就可以直接購買國外的股票和 ETF（ETF 是「指數型基金」的簡稱，詳情請見我的上一本著作《掌握投資金律》），而且有些 ETF 可以幾乎 100% 追蹤原物料的價格，這些比起經理人操盤手法完全不透明的一般基金要好得多了。何況要投資就是要不斷的精進，為何要畫地自限，只投資股票或者基金呢？不能一直自我追求超越和進步的人，注定會被金融市場所淘汰！

（六）原物料沒有利息

　　我在《掌握投資金律》一書中提到，利息和股利不會比價格上漲更重要，因為利息既然是附帶利益，就不該反客為主，變成主要的收益來源。**事實上，這幾年存款幾乎沒有利息，這點是原物料上漲的最根本原因之一。因為你買進「沒利息」的原物料，在「沒利息」甚至是實質負利率（實質利率＝存款利率－消費者物價指數上漲百分比）的時代，投資原物料既可以抵銷物價上漲，也只喪失那麼一丁點的利息，這不是個完美的投資嗎？**因此，當存款沒

有利息時就該買進原物料，而不是因為原物料沒有利息所以不能投資。倒果為因、不去買進原物料的結果，不僅沒賺到多少利息，貨幣的購買力還被通膨侵蝕得一乾二淨，何苦呢？因此，從今以後不要再拿「買黃金又沒利息」來做為不買黃金的理由，因為，這理由真的很爛又很笨！

二、何時賣出原物料投資

　　最根本的訊號當然是原物料供應大增，那就是價格見頂的前兆。當然，**產量大增的消息如果已經傳到市場，那價格可能已經大跌了一段**，那麼要如何更快速的判斷原物料長線上價格已經見頂呢？各位應該知道所有投資標的都是在市場過熱或過度樂觀時見頂，所以當絕大部分媒體都放棄原先偏樂觀的股票報導，頻頻都以大篇幅（最好是頭版或頭條）播送黃金創下新高、油價暴漲、農產品漲翻天，且此時若有一堆「專家」發表油價會上 150 美元、金價會上 5000 元甚至 10,000 元、某某原物料還可以再暴漲 n 倍的言論，這一切現象都表示—市場過熱了，而此時就是「暴漲之後必有崩盤」這條定律驗證的時候。因此若是當市場過熱，就極有可能就是原物料長線的賣點。但是若原物料一直上漲，新聞媒體卻沒多大報導，該原物料繼續上漲的可能性就很大，例如黃金從 2015 年 12 月 3 日開始上漲之後，國內（甚至國外）的媒體始終沒有同時、大量、詳盡的報導，因此黃金就一直從 2015 年 12 月 3 日的 1046.18 上漲到 2018 年 3 月 29 日的 1323.09，漲幅已經高達 26.47％ ！

　　請記住「媒體永遠是反指標」這句話，但也**不要媒體一有報導就驚慌失措，重點在於「比例」，當大多數媒體連番的報導，才可能是原物料最高點到來的跡象**。另一個可能是觀察大眾的反應，若巷議街談中到處都是黃金或原物料的消息，那見頂的可能性就很大，還有若是原來只投資股票的朋友突然跟你說他要大量買進原物料相關投資，那也是值得注意的訊號之一，這點很準的！

三、廠商如何在原物料多頭時代避險

原物料價格下跌時，**廠商不用採取任何措施就可以擴大利潤；但是若原物料成本上漲時，若廠商不能提前採取避險措施，那麼未來可能會損失慘重。**而避險的原則不外乎就是提前鎖定價格，或者購買漲幅同樣的東西以抵銷價格上漲的風險，大致上有幾個方法如下：

（一）與上游廠商或供應商簽長期合約

這方法是最直接的。當然上游或供應商不見得願意簽合約，這時候可以把合約價格訂得比現在高一點，讓上游廠商或是供應商覺得「他至少現在賺到了」，但等到之後原物料價格飆漲，就換成我們賺到了。

（二）貸款之後囤積原物料

在實質負利率時代，利率比不上物價上漲的速度，因此這時候貸款來囤積原物料，不僅可以讓公司的利潤不受到原物料價格上漲的影響，甚至還可以在同業缺貨時，將過多的原物料庫存賣出而賺上一筆。而現在貸款利率不到 5%，只要原物料價格調漲一次，通常就會立刻回本，更不用說現在可能一季之內原物料價格就漲 10% 以上了。當然能夠囤積的主要是能源、工業金屬和貴金屬為主，農產品因為會有朽爛的問題所以較難囤積。

（三）購買所需原料相類似的標的物，抵銷所需原料價格上漲的風險

　　如果無法囤積也無法簽長約，那麼可以買進類似的期貨、ETF 或 ETN（多半要在美股開戶），以抵銷公司所用原物料價格上漲的風險，例如棉紗廠可以買進棉花期貨或 BALB（追蹤棉花價格的 ETF），如此就可以規避棉花價格的上漲風險；早餐店的經營者則可以買進農產品相關的 ETF（如 DBA），以求抵銷麵粉、黃豆、咖啡、牛奶等原物料價格上漲的風險。千萬不要以為「開早餐店還搞的要在美國投資」是很奇怪的行為，因為當別的早餐店撐不住而倒店，你們的早餐店還屹立不搖的時候（甚至還可以反向降價打割喉戰），你覺得這樣會很奇怪嗎？這時候才是你笑傲江湖的時候，請記住，英雄絕對不怕特立獨行！

Part 4

原物料的投資工具
——謊言與事實

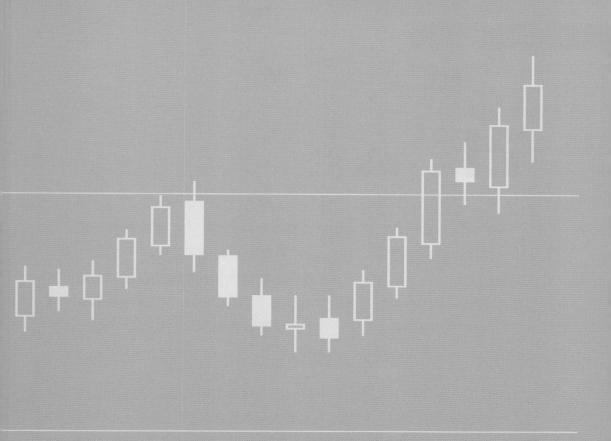

一、總論

　　原物料的投資工具可分為直接持有原物料與間接持有原物料兩大類，前者有直接囤積實體原物料，後者有原物料股票或基金、原物料 ETF 或 ETN、原物料期貨等方法。另外原物料上漲也會帶動原物料產國的匯率、房地產甚至債券上漲，因此也可以透過投資這些國家的貨幣匯率、房地產或債券而獲利（這些方式可以說是「間接的間接」持有原物料），最後還有一種方法是透過原物料上漲與其他資產的連動性而投資，例如在油價上漲時放空航空股。

　　在使用各種投資工具時，**需要特別注意原物料股票或基金並不能夠完全追蹤原物料價格的走勢，常有超漲或者表現較差的問題**，這點在下一節會詳細說明。不管選用什麼投資工具投資原物料，其實各位讀者需要有一個觀念：基金、期貨或 ETF 都只是「投資工具」（而非「投資標的」），就像你去麵店吃麵，不管拿筷子或叉子吃麵（筷子或叉子都是工具），最後吃到的還是麵而不是飯（麵或飯才是標的）。所以不管用那一種投資工具，請先確定這種原物料的趨勢再投資。

表 4—1 ▶ 原物料的投資工具及特性分析

	實體原物料	原物料股票或股票型基金	原物料ETF或ETN	原物料期貨	原物料生產國貨幣	原物料生產國債券或房地產
與原物料期貨價格相關度	接近100%	差異大	接近 100%	100%	差異大	差異大
儲藏或換約成本	有	無（但有其他費用）	有	有	無（但有其他費用）	無（但有其他費用）
利息或股利	無	部分有	部分有	無	大部分有	大部分有
最低投資金額大小	數千元	數千元	數千元	數萬元	數千元	債券：數千元房地產：數百萬
槓桿風險	無	無	無或有且槓桿小（<4 倍）	有且槓桿極大	無	無或有（視房地產貸款額度而定）
案例	囤積資源回收	艾克森美孚礦業基金	黃金存摺GLD	原油期貨	澳幣存款	在澳洲購屋

二、原物料股票或原物料股票型基金

　　所謂的原物料股票或股票型基金，就是直接買進原物料生產公司的股票或投資原物料股票的股票型基金（絕大多數的原物料基金就是幫你投資原物料股票，並非持有原物料或追蹤原物料期貨價格），這是國內投資人最常接觸的投資原物料工具，但是卻不是最好的追蹤原物料價格的投資方式。**因為不論是原物料股票或者原物料基金，常無法完全追蹤原物料的績效**（請注意，不是「完全無法」），表 4—2、4—3、4—4 及圖 4—1 就是最好的明證。**所以認為「投資原物料就是投資原物料股票或基金」，其實這是非常錯誤的觀念。**至於為何在原物料多頭時期，能源股表現比油價差，而金礦股表現卻比金價好，目前原因尚不清楚。

圖 4—1 ▶ 油價與道瓊油氣股指數的每年表現

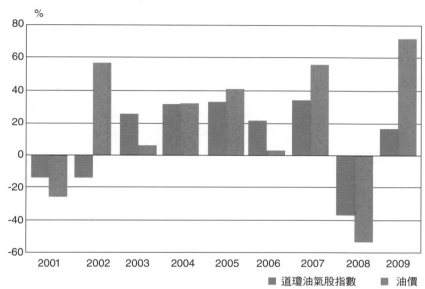

（資料來源：Bloomberg）

表 4—2 ▶ 原油與石油股的績效比較

	2015/12/31 收盤價	2017/12/31 收盤價	報酬率（%）
布蘭特原油	37.28	66.87	＋ 79.37
西德州中級原油（WTI）	37.04	60.42	＋ 63.12
XLE（美國能源股 ETF）	60.32	72.26	＋ 19.79
艾克森美孚（XOM）	77.95	83.64	＋ 7.30
雪弗龍石油（CVX）	89.96	125.19	＋ 39.16

表 4—3 ▸ 黃金與金礦股的績效比較

	2015/12/31 收盤價	2017/12/31 收盤價	報酬率 （％）
黃金（紐約期貨價）	1060.3	1314.0	＋ 23.93
紐曼礦業（NEM）	17.99	37.52	＋ 108.56
巴立克黃金（ABX）	7.38	14.47	＋ 96.07

表 4—4 ▸ 1992 年 2 月到 2007 年 3 月各大類別原物料和相對應股票的相關係數

原物料類別與對應股票	相關係數
能源與能源股	0.47
工業金屬與對應的礦業股	0.56
農產品與農業類股	0.01

（資料來源：Adam Dunsby et al.（2008）. Commodity Investing：Maximizing Returns Through Fundamental Analysis，p26）

為何會有這種「脫鉤現象」？主因有以下幾點：

（一）廠商產量減少

原物料的多頭常由供應不足所造成，而供應不足表示廠商的生產量不多。而廠商的營收＝銷貨量×單價，因此就算原物料價格很高，但銷售量要是無法衝高，兩相抵銷之下，原物料生產廠商的營收不一定會上升。例如 2010 年

上半年，由於英國石油（BP）在墨西哥灣的一座鑽油平台發生爆炸，導致英國石油股價大跌，但油價此時卻並未下跌，這就是廠商生產量下跌所造成的結果。其他例如某主產國的礦坑發生坍塌，可能會讓某些礦產價格狂飆，但是該礦坑的開採公司卻無法從中獲利，諸如此類的意外情形往往無法防範，但總體來說，這類情況可能大多對原物料公司的股票不利，但卻對原物料本身有利。

（二）廠商成本增加

原物料生產商在生產原物料的同時，包括開採時所需的能源、基礎設備的興建和維護、工人薪資、運送原物料等成本，往往都會隨著原物料價格上升而上升。例如開採鐵礦砂的礦業公司在作業時，各式各樣的機械設備、建築物、運輸工具都需要用到鐵，因此當鐵礦價格上升，固然公司營收可能上升（請注意，上一段說過，營收也只是「可能」上升而已），但同時公司的成本也會上升，因此究竟利潤（意即營收—成本）到底上升或是下降、甚至是否會變成虧損，這就很難說了。

除了硬體設備成本高漲之外，工資上漲也往往造成廠商的成本壓力大增。這是因為 1982 年到 1999 年，原物料價格長期低檔盤整，因此造成大量的原物料產業勞工轉行。但是風水輪流轉，當 2003 年原物料開始加速上漲之後，廠商要增產時才突然驚覺找不到員工可以增產，因此只好用高薪吸引人才回流原物料產業，造成廠商的人事成本大幅升高。以美國為例，1982 年，第二次石油危機時，有約 271,000 人從事開採石油與天然氣的相關工作，到了

2003 年卻銳減為只剩 11,800 人，且就業人數到 2007 年才顯著回升（而這時油價已經從 2003 的每桶平均 30 美元，上漲到 2007 的每桶平均 75 美元了！）。我們可以從加拿大的油砂產業，看出這些原物料產業的員工待遇和福利有多優渥：2007 年底（當時油價近 90 美元），一個在加拿大開採油砂的新手卡車司機，年薪可以高達 10 萬加幣（當時約等於 300 萬台幣），經驗豐富的焊接工人年薪高達 20 萬加幣！而且還有免費的宿舍，之內有 20 吋電漿電視、雙人床和高速網路，以及酒吧、夜總會、電影院、室內籃球場、跑道和冰球場等設施，由此可知，廠商的人事成本將增加多少！

（三）股市大盤表現不佳

原物料公司的股票和相關基金，除了受到所生產的原物料價格影響之外，還會受到股市大盤的影響。這是因為原物料股票和基金，除了具有原物料性質之外，還有股票的性質，例如全球股市在 2007 年 10 月到達高點而石油價格卻一直漲到 2008 年 7 月，但很多石油股這段時間卻是盤整，明顯就是受到股市大盤的影響。

（四）其他未知的意外或因素

很多因素會影響到原物料股票的價格，但這些因素卻很難事先找出，例如公司內部高層若發生管理問題，則我們根本無法事先得知，例如 1998 年到 2000 年，俄羅斯央行、財政部、出口商、礦場發生內鬥，彼此都不願意讓對方出口鈀（Palladium，元素符號為 Pd，是一種白金族的金屬，鈀的產量集

中 60% 都在俄羅斯西伯利亞的諾里爾斯克），導致全球的鈀短缺二百萬盎司以上，於是鈀的價格在三年之內從 100 美元／盎司左右漲到最高 1100 美元／盎司，漲了 860%！但是全世界主要生產鈀的廠商—西伯利亞的諾里亞斯克（Norilsk，也是這次內鬥事件的主角之一）股價卻還下跌，這些因素你可以事先預知嗎？就算你預知這個意外，你要直接投資原物料還是原物料公司（或者基金）？

　　就原物料股票和原物料期貨的價格連動性來說，農業公司股票和農產品期貨價格的連動性最差，能源類和工業金屬類與對應的公司的連動性較佳（請參見表 4—3，見 P.56）。然而，若要考慮一堆意外因素，包括天氣、經營管理階層的風格、政府政策、天災、環保議題的限制等各種無法預料的因素，投資原物料股票事前的研究幾乎是無止境的浩大工程，而且就算你考慮了這麼多「意外因素」，要是原物料價格不上漲，你的分析可能還是一場空！既然如此，為何不直接買進原物料，而要疊床架屋買進原物料基金，再來擔心原物料基金不能夠跟上原物料的漲幅呢？因此原物料股票或基金並不是投資原物料的最佳工具，當然少數原物料股票或基金仍然可能有超越對應原物料的超額報酬，不過如何選擇到這些股票和基金，運氣成分或許比紮實的研究還重要。

　　然而，國內目前仍有些基金以投資原物料期貨為主[※註一]，而非原物料股票。例如 2009 年 12 月 10 日發行的「元大商品指數期貨信託基金」，該基金之投資目標為追蹤標準普爾高盛綜合商品指數（S&P GSCI Reduced Energy Index），採用被動式管理（以貼近所追蹤的指數為主，不尋求積極買進賣出來擊敗大盤）。被動式基金與同樣是被動式管理的 ETF 差別在於報價次數與

※ 註一：
這些原物料期貨基金多半也採用與原物料期貨型 ETF 同樣的方法，消除期貨的槓桿風險。請參考本章「四、原物料 ETF 及 ETN」。

交易場所的差別：被動式基金一天只在收盤後報價一次，ETF 則在交易時段隨時可以報價；被動式基金只能在銀行或基金公司交易。由於這檔基金的能源類權重最大（近 50%），因此這檔基金受到油價的影響也最大。

圖 4—2 ▶ 元大商品指數期貨信託基金所含原物料的種類和權重 %

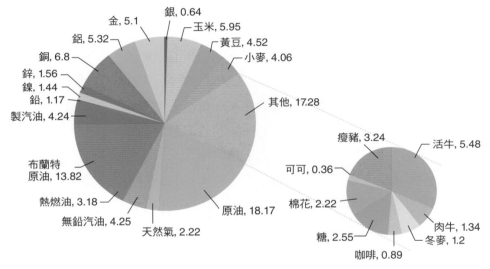

（資料日期：2017 年 12 月 31 日）

　　若真的要買原物料基金，我建議的選擇方法如下：由於金融風暴前全球股市大盤的高點為 2007 年 10 月，但黃金價格漲到 2008 年 3 月、原油價格漲到 2008 年 7 月才發生暴跌，因此觀察該基金在 2006 年到 2008 年的波段高點，若是在 2008 年 2 月之後，則比較有辦法分散非原物料股票或非原物料股票型基金的下跌風險。然而**整體來講，原物料股票或原物料基金最好只占原物料投資的 15%** 以下，畢竟如果看到原油上漲 50%，你的原物料股票或基金只漲 10%，那種雞肋的感覺是很不好受的！

三、原物料期貨

我們常說的「國際原物料價格」其實是「原物料期貨價格」，而且通常是指最近期交割的期貨合約價格。所謂的期貨，其實是期貨合約的簡稱，這些合約都是專為交易原物料、金融指數、匯率等而設計的，其操作流程如下：當你在經紀商開設期貨帳戶之後，需要在該帳戶存進一筆「保證金」（margin，類似房地產買賣的訂金），之後就可以操作數十倍的投資部位，舉例來說，你可以買進一張原油的期貨合約，只需要有 1000 美元的保證金，但是卻可以操作等值 50,000 美元的原油，因此這張期貨合約的槓桿大小＝實際投資部位大小／保證金金額＝ 50,000／1000 ＝ 50 倍槓桿。當槓桿 50 倍的時候，只要標的物下跌 2%，你的保證金就會全部不見！因此期貨雖然有槓桿，因為是以小搏大，做對方向時可以獲得鉅額利潤；不過相反的，也常因此而損失慘重。整體來講期貨和一般投資工具不同的性質如下：

（一）有槓桿風險

既然期貨有槓桿風險，你就不能只拿全額保證金去買進（或賣出）一張合約。例如很多外匯保證金交易平台（也是有槓桿的投資工具）可以交易外匯、金、銀和原油三者的差價合約（雖然這與期貨仍然有些不同，不過整體來說頗為相似），在這個平台交易一張黃金合約，只需要 5 美元的保證金，不過可以交易 1 盎司的黃金（市值約 1,150 美元），等於至少是 1150／5 ＝ 23 倍的槓桿！但是當金價下跌 5 美元以上，超過保證金價值，原來的 5 美元保

證金就會完全不見（等於損失 100%），因此期貨交易的總體資金槓桿通常要在 20 倍以下，風險才會較小。就這個觀點，當我要操作一張黃金差價合約的時候，最好要有 57.5 美元（1150 / 20）以上的保證金做為整體資金，其中 5 美元做為直接購買合約的部分，其他部分的資金做為緩衝，以免價格下跌之後，投資部位被強制平倉（經紀商強制將部位結算）。

（二）有結算日與轉倉問題

期貨合約有不同的交易月份，每種都定有最後結算日期，當最後結算日期來臨時，你的部位若尚未賣出，就可能面臨到交割實體原物料的問題，當然這些原物料不會運到你家，而是會接到一張倉單，其中有各種的倉儲費用。因為多數期貨投資人只是想賺取價差而不是想取得實體原物料，因此不想面臨實體原物料交割的問題，就必須要在最後結算日之前將合約結清，轉為下一個交易月份的合約。因此轉倉時，不論你的盈虧，都必須強制結算，這也是期貨對投資新手一個較大的差異。

基於這以上兩個原因，因此期貨不應該做為新手投資原物料的主要工具，最好等投資經驗兩年以上再說。至於外匯保證金也是同樣的道理，新手貿然進場會有賠光一切的風險。

四、原物料 ETF 及 ETN

ETF 的全名為 Exchange Trade Funds，若照字面翻譯是「可轉換交易基金」，台灣稱為「指數股票型基金」，中國則稱為「交易所交易基金」。ETF 的結構是由數種股票構成的集合體，例如你買進這種一張台灣 50（台股代號：0050，這是追蹤台灣最大 50 檔股票的 ETF），就等於買進台積電＋聯電＋鴻海等台灣市值前 50 大的股票組合。ETF 這種投資產品最初設計的目的是為了反映大盤整體的趨勢，因此可以避免大趨勢看對但選股錯誤的問題（當然如果大趨勢都看錯了，那也會賠錢）。

ETF 的另一個優勢是被動管理，所謂被動管理就是 ETF 的成分股種類和權重一確定之後很少更改，因此成分股買賣的頻率降低，所以 ETF 的總費用通常比一般的共同基金低廉（每年多半都＜0.75%）。

被動管理的優點除了手續費比較低廉之外，經過長期的實戰驗證，主動管理的共同基金（市面上多數基金都是主動式管理，也就是積極買進賣出）績效幾乎不可能長期打敗大盤，而既然無法打敗大盤，那就來貼近大盤的表現即可，因此就有 ETF 這種被動式管理的投資工具被發明。

而固定權重也有個優點就是可以排除人為操盤的誤差，例如我看好石油股，我只需要買進追蹤石油類股的 ETF 即可，不需要再去研究哪幾檔基金過去經理人表現好，可以免去很多麻煩。關於 ETF 與共同基金的差異，請見表 4—5。

表 4─5 ▶ 一般股票型 ETF 和一般股票型共同基金的比較

	ETF	一般共同基金
管理方式	被動管理，成分權重定下之後很少更改	主動管理，積極買進賣出
追求目標	貼近大盤漲跌（免除選股或選擇經理人的麻煩）	超越大盤漲跌（長期而言很難達成）
散戶投資方式	開設證券帳戶	銀行或基金公司
報價	交易所交易時段隨時報價	一天只報價一次
手續費	低廉	較高
變現性	賣出之後資金立刻進帳	賣出之後要隔幾天才能進帳

　　而最早期 ETF 的成分標的物只有股票，但在過去幾十年已經有許多標的物是原物料的 ETF 問世，這些 ETF 可以分為原物料股票型（Commodity Producer Equity）、實體原物料型（Physically-Backed）、原物料期貨型（Futures-Based）。原物料股票型 ETF 就是投資生產原物料公司股票的 ETF，這類 ETF 與一般的股票型 ETF 運作並無差異，只是它們的投資標的侷限在原物料生產公司，所以不再多做介紹。

　　實體原物料型 ETF 就是幫你買賣實體原物料的 ETF，例如 GLD（實體黃金 ETF）、SLV（實體白銀 ETF），當你每買進一單位 GLD 就等於買進 0.09X 盎司的實體黃金，而這些黃金有專人保存在該公司的倉庫裡面，所以 GLD 的運作其實和台銀的黃金存摺頗為類似，因此黃金存摺雖然不是 ETF，但我仍把他歸類在原物料 ETF 的類別中。由於保存期限的限制，目前市面上的實體原物料型 ETF 都是囤積貴金屬，也就是金、銀、鉑、鈀四種金屬。而

實體原物料型 ETF 的手續費是從淨值（Net Asset Value，NAV）中直接扣除，因此每一單位 ETF 淨值代表的金屬重量會越來越少（也就是 ETF 淨值與金屬價格的差距會越來越大）。

原物料期貨型 ETF 買進的資產是期貨合約，這是因為有些原物料由於較難囤積實體，因此就以期貨替代，例如 USO、BNO 分別是追蹤 WTI（美國西德州中級原油期貨）與布蘭特原油的 ETF，也就是分別幫你買賣 WTI 與布蘭特原油期貨。雖然直接投資期貨有槓桿風險，但原物料期貨型 ETF 透過持有多餘資金的方式消除槓桿，舉例如下：

假設目前原油期貨為一桶 100 美元，而原油期貨是 1 美元的本金可以操作價值 100 美元的原油，那麼 USO 每接收投資人 100 美元的資金，就用其中的 1 美元買進一張原油期貨，其他 99 美元則是銀行存款，而投資人的這 100 美元平均分割成 100 股（也就是每股起始股價＝ 1 美元）。因此原油期貨上漲 1 美元時（漲幅 1%），直接投資原油期貨的人會賺 1 美元，等於 100% 的獲利（若油價下跌 1%，直接投資原油期貨也會虧損 100%），但此時 USO 持有的現金的價值不動，且 USO 將原始資金 100 元分割成 100 股，所以每個股份的漲幅是 1 美元 / 100 = 0.01，0.01 / 1 = 1%，也就是與油價當天漲幅相同，因此 USO 的投資人就沒有直接投資期貨的槓桿風險了。

期貨型 ETF 有個缺點，在國內財經界知道的不多，但對投資期貨型 ETF 很重要：期貨轉倉時，不同月份的合約會有價差，當近月份合約價格較低，而遠月份合約價格較高時，就會產生轉倉之後的追蹤誤差（通常是低於標的原物料的績效）。例如油價 100 美元時，某檔 ETF 的規模是 100 萬美元

（假設持有 1 萬張石油近月期貨合約），若上述條件都不變，等到要轉倉為下一期期貨合約時，由於下一期期貨合約可能較貴（例如 102 美元），所以就只能買 9803 張（＝ 100 萬 / 102）的下一期期貨合約，那麼本來是 1 萬張的追蹤效力，就會變成 9803 張，無形之間可能就損失 2% 的追蹤績效。這些小誤差在經年累月的轉倉之後就不是一筆小數目，甚至可能產生油價上漲而追蹤油價的 ETF 卻下跌的怪現象。**由於這種轉倉損失時多時少，每一種 ETF 也都不同，因此我建議期貨型 ETF 的投資期限不要太久，以免在轉倉方面損失太多**（當然頻繁的交易搞短線也不是上策）。**至於要確定那擋 ETF 的轉倉價差可能較小，建議以對應原物料的波段比較**，例如同時研究布蘭特原油期貨與 BNO 在同一個時間區段的表現，看兩者差距即可知道這檔 ETF 的轉倉價差對追蹤績效誤差的影響。

表 4—6 ▶ **原油與相對應期貨型 ETF 的績效比較，兩者的績效差距大部分都是 ETF 持有期貨的轉倉損失**

	2015/12/31 收盤價	2017/12/31 收盤價	報酬率 （％）
布蘭特原油	37.28	66.87	＋ 79.37
BNO （布蘭特原油 ETF）	12.24	18.10	＋ 47.88
西德州中級原油（WTI）	37.04	60.42	＋ 63.12
US0（美國原油 ETF）	11.00	12.01	＋ 9.18

至於 ETN，全名為 Exchange Trade Note，台灣稱為「指數型債券」（暫譯），中國則稱為「交易所交易債券」。這是一種長期且高順位（於公司破

產時優先償還）的債券，並且保證可以追蹤某些指數的表現。例如 iPath 發行了不少 ETN，其中有一檔是追蹤咖啡期貨價格的 ETN（美股代號：BJO），當你投資這檔債券時，就類似你交錢給巴克萊銀行，它保證債券到期日會完全反映咖啡期貨價格這段時間的漲跌（當然你也可以中途賣出）。因此 ETN 的背後並沒有任何實體資產或股票作為擔保，完全是依據發行公司的信用作為擔保。由於 ETN 沒有實體擔保，因此投資金額不可過大，一般來說我建議最好占個人總資產的 5% 以下，而且不要投資小公司發行的 ETN。關於原物料 ETF 及 ETN 的分類，請見表 4─7。

表 4─7 ▶ **各種原物料 ETF 和 ETN 的比較**

	原物料股票的 ETF	原物料期貨的 ETF	實體原物料的 ETF	連結原物料股票的 ETN	連結原物料期貨的 ETN
連結或投資標的	買進股票	買進期貨合約	買進實體原物料（EX: 金條）	連結股票價格	連結期貨價格
與原物料期貨價格相關度	高至低	接近 100%	接近 100%	高至低	接近 100%
類似商品	GDX	BNO	GLD	※註二	BJO

　　ETF 和 ETN 可以在國內透過券商複委託買賣，也可以在美國的網路券商開戶直接交易，例如 TD Ameritrade、Firstrade、E-Trade。關於投資 ETF，有一點要注意的是：某些 ETF 的成交量特別小，可能會有嚴重的折價（ETF 價格 < 淨值）和溢價（ETF 價格 > 淨值），或者在大跌時難以賣出的問題，建議若每日平均成交量 <3000 股的 ETF，投資部位不可投資太多或乾脆不投資。

※ 註二：
理論上這類產品可以開發，但目前似乎尚未有追蹤原物料股票價格的 ETN 被開發。

另外，國內多家銀行也有開辦黃金存摺和黃金帳戶等類似 ETF 的投資方法。黃金存摺（或黃金帳戶，※註三）與黃金 ETF 兩者的運作結構都是金融機構接受客戶注資買進黃金，之後該公司每天結算黃金淨買進或買出量，於市場上實際拋補，並將黃金存入倉庫之中保存。因此台銀的黃金存摺是 100% 實體準備的，也就是說你買進的每一公克黃金，則台銀的倉庫就會有相對應的一公克黃金囤積在他們的倉庫裡，而不是個買空賣空的遊戲。關於手續費，黃金存摺是以固定比例的買賣價差收費（目前約 1.3%），沒有額外手續費（開立帳戶需繳 100 元，單筆買進不收手續費）；而黃金 ETF 的手續費是每年從淨值中扣除（目前 GLD 的手續費每年為 0.4%），因此若持有超過 3 年，那麼台銀的黃金存摺可能會比較划算。整體來講，黃金存摺與黃金 ETF 的差異不大。關於黃金存摺和黃金 ETF 的比較請見表 4—8。

表 4—8 ▶ **黃金存摺與黃金 ETF 的比較表**

	黃金存摺或黃金帳戶	黃金 ETF（代號 GLD）
發行公司	國內各銀行	國內：元大 S&P 黃金（00635U） 國外：多間銀行均有發行
計價貨幣	新台幣或美元	新台幣或美元
交易最低單位	新台幣：一公克 美元：一盎司	一股
其他交易費用	買賣價差約 1.3%	每年從淨值中扣除
可交易時段	約 08:50 ～ 20:00	該國股市交易時段

※ 註三：
除了台銀之外，筆者無法找到在其他銀行的黃金存摺是否為 100% 實體準備的相關資料。

五、囤積實體原物料

這可不是在開玩笑，其實實體原物料是真的可以囤積的，先來說最容易囤積的貴金屬。列舉方法如下：

（一）台銀的黃金存摺可以轉換實體黃金條塊或硬幣

台銀的網頁有詳細的轉換費率，也就是將黃金存摺上的黃金轉換為實體黃金需要付多少差價。目前台銀的黃金存摺可以轉換傳統黃金條塊、台銀金鑽條塊、幻彩條塊及數種金幣可供選擇。

（二）直接購買金銀條塊或硬幣

金條或金幣在銀樓都很容易買到，這點就不再詳述，至於飾金由於工資成本不少，因此要透過飾金保值較為困難。由於金銀條塊和硬幣的價差都較大，因此只建議資產有一定水平以上的富裕人士配置，而「小資族」應該就不用了。無論如何，購買實體貴金屬一定要找有信譽的廠商或銀樓，避免被騙，而損失慘重。

其他囤積實體原物料的方法也有很多，但整體來講均不如貴金屬般容易囤積，其中能源類產品幾乎無法囤積，農產品也有腐爛的問題，因此就只剩下工業金屬是可以囤積的對象。若是家裡有足夠空間，資源回收相關物資的

囤積也是一個從原物料價格之中上漲的方法，例如廣告紙、舊報紙、鐵鋁罐等，這些物資其實都是免費且潛力無窮的資產，囤積這些物資絕對比在銀行囤積現金還好賺。

另外一個方法是囤積民生用品，也就是盡量在漲價前買足較久的用量。這招最好結合信用卡和各廠商推出的優惠卡，因為在通貨膨脹時代就是貨幣會貶值，因此當你用信用卡付款之後，會有幾個好處：

1. 有紅利積點。

2. 錢仍然在銀行，還可以生利息。

3. 一個月之後，你付給信用卡公司貶值的貨幣，但你已經把上漲的物價鎖定住了，等於是賺到貨幣貶值的財富。

目前前兩者的獲利約 0.3%，而物價若每年上漲 2%，等於提前囤積民生物資的獲利一年約可賺 2.5%！而且這是不用任何投資就可以獲利的方法，但千萬不要買了一堆不必要的東西，不然變成卡奴可是會永遠無法翻身的！

六、投資原物料產國的貨幣

當原物料價格上漲時，資金會流入這些原物料的產國，造成這些原物料產國匯率上漲。因此投資這些國家的貨幣、房地產、債券甚至任何資產幾乎都會有賺頭。以國內可以接觸到的原物料生產國貨幣而言，加幣、澳幣、紐幣是大家所熟知的，而加拿大主要出口石油，澳洲主要出口鐵礦砂與煤礦，紐西蘭則是畜牧產品（乳製品、羊毛、羊肉、牛肉）為主，因此這三國匯率都與他們的主要出口商品價格有高度相關性。至於巴西則以出口黃豆、糖、咖啡與鐵礦砂為主，目前投資巴西幣的方法只有在美股帳戶買進 BZF 這檔匯率型 ETF。另外，國人非常喜歡投資南非幣，但是南非因該國黃金產量的節節下跌（2016 年已經退居世界第六產國的地位），所以目前南非幣與黃金的相關性其實不高。

表 4—9 ▸ **主要原物料國家貨幣及投資工具**

國家及貨幣名稱	可投資工具
加幣	外匯存款、ETF（美股代號：FXC）
澳幣	外匯存款、ETF（美股代號：FXA）
紐幣	外匯存款
巴西里拉	ETF（美股代號：BZF）
南非幣	外匯存款

雖然投資貨幣匯率多半比直接投資原物料的獲利要低許多，但外匯投資也有其他優點，分析如下：

（一）外匯波動較低，是最穩定的資產類別之一

我在上一本著作《掌握投資金律》之中有說明，波動度大的資產應該占資產配置的比例較少，因此直接投資原物料雖然可以獲得暴利，但是暴跌的機會也很大。而主要國家的外匯通常一年波動都低於 20%，甚至只有 10%，因此這些低波動的資產可以當成核心投資組合，緩和整體投資組合的波動，避免在市場大跌時受到極大的傷害，甚至數年的投資報酬都毀於一次嚴重的空頭之中，那就得不償失了。

（二）外匯可以收取固定利息

利息收入雖然不會比「標的物」的漲跌重要，不過固定的利息收入也可以讓整體資產價值穩定上升（當然要在選對標的物的前提之下），因此資產組合中配置一些外匯資產，每個月收取固定的利息也是投資組合增值的一個重要因子，而紐、澳與南非幣目前在國內的外匯存款中尚屬較高利一族，未來隨著美元貶值，應該都可以匯差、利差雙賺。

不過有一點需要注意：原物料貨幣對於股市波動也很敏感，因此若美股發生大跌而拉低原物料貨幣的匯率，這時候就不應該以利息硬撐，應該斷然止損，保住本金才是上策。

七、投資原物料產國的房地產或債券

在 2003 年到 2007 年的房地產多頭之中,加拿大、紐、澳等原物料產國的房地產均漲了數倍,因此在原物料上漲時期,投資原物料產國的房地產,不僅可以享有房地產價格上漲的優勢,還擁有貨幣升值的利多,可謂一魚雙吃。不過由於全球房地產價格目前普遍在歷史高點附近,因此筆者較不建議以投資原物料產國的房地產來分享原物料價格上漲的成果。

而原物料國家的債券,會受到資金流入、債信評等調升(國家財政收入暴漲,償債能力大增)、貨幣升值的因素而上漲,不過這些國家的債券走勢仍然無法完全追蹤原物料價格走勢,而且目前全世界的債券價格也處於歷史高點附近,因此若要投資,也不宜占太大的比例。

八、放空成本上漲最多的股票

　　之前介紹的都是從做多（買進→持有→再賣出）之中獲利的方法，而另外一個從原物料價格上漲中獲利的方法，就是放空受到原物料價格上漲影響最大的股票，例如化學股、汽車相關類股（包括汽車零組件、輪胎等）、運輸股。其中化學股由於原料多半由原油提煉，因此油價高漲到一定程度之後，化學公司會開始無法轉嫁成本，陷入虧損的窘境。汽車類股則是會因為油價上漲，民眾減少開車甚至買車而受害，2008年全球主要車廠均陷入倒閉危機就是明證。運輸股當中，航空股對於油價上漲最為敏感（我在2011年到2014年放空航空股的成功率高達90%以上！），陸運股次之、海運股有時候還會從油價上漲中受益（尤其是油輪和散裝航運類股）。而在陸運股之中，一般的卡車運輸類股最容易受害，反之，有些鐵路股反而會從油價上漲中受益，這是因為一架火車頭可以拖拉幾十節車廂，而一架卡車最多只能在運兩個貨櫃，因此鐵路的能源效率遠比卡車和汽車高，巴菲特當年重金買下美國BNSF這間鐵路公司，想必也是著眼於鐵路運輸的高能源效率。

NOTE

Part 5

原物料萬花筒
——原物料個別剖析

原物料的性質與簡史

　　每種原物料都有不同的性質，價格打底和見頂的時間都不一樣，因此要了解某種特定原物料的未來趨勢，必須對於該原物料的供需、用途、替代品、與景氣循環的相關性、季節性、歷史走勢進行深入研究，才能掌握到最佳的進場時間點，進而在漲到最高點時賣出。

　　以原物料的四大類別（表5—1）：貴金屬、工業金屬、能源、農產品而言，**通常貴金屬類在景氣成長階段的表現較為平均，但在衰退中末期，由於其他類原物料紛紛大跌，貴金屬中的黃金反而跌幅較小甚至逆勢上漲，而工業金屬在景氣成長的初期和中期表現會較好，能源類則在景氣高峰剛過的衰退初期表現最好，至於農產品則是與氣候關係較為明顯，與通膨和經濟成長的關係較不明顯。**

　　以對景氣衰退的抵抗性而言，貴金屬中的黃金對於景氣循環的衰退抵抗性最佳，甚至在衰退時期還能夠上漲，而工業金屬是抵抗力最弱的原物料類別，例如 2001 年到 2002 年，全球經濟因網路科技泡沫而陷入衰退，工業金屬就是表現最差的原物料類別。

表 5—1▸ 原物料各大類別的基本性質

	貴金屬	工業金屬	能源	農產品
與景氣循環相關性	低（黃金）～高	高	中～高	低～中
價格表現最佳的時期（與其他各類群相比）	景氣衰退的中期至谷底期	景氣成長的初期至中期	景氣成長的高峰期至衰退初期	不一定
影響價格的主要因子（按重要性排列）	通膨 實質利率 美元升貶 景氣循環 （白金族與銀） 地緣政治	景氣循環 實質供需 美元升貶 實質利率	景氣循環 實質供需 美元強弱 氣候 地緣政治	供應 氣候 種植周期 美元升貶 進出口政策

一、貴金屬：不只是首飾

貴金屬的基本性質

貴金屬包含四種元素：金、銀、鉑、鈀，這四種金屬向來是人類財富的象徵。尤其是黃金，雖然幾千年來金融工具推陳出新，但其避險地位始終不曾被動搖過，不論是 1970 年代的股市空頭時期、1987 年股市大崩盤、2000 年網路科技泡沫、2008 年金融風暴，黃金均能提供良好的報酬率及規避股市下跌的優異避險能力。

除了黃金之外，銀、鉑和鈀這三種貴金屬由於工業用途遠較黃金多，因此較容易受到景氣循環的影響，所以這三種金屬在景氣衰退時並不具備避險功能，這點需要非常注意。

黃金小檔案 ▶黃金：真金不怕股崩

英文及元素符號	Gold、Au
主要用途	金融交易、價值儲藏、珠寶首飾、電子工業
季節性	9～隔年 3 月最強勢、5～7 月最弱勢
1965～1982 年最高點	1980 年 1 月＝880 美元 / 盎司
1970 年代多頭之後的最低點	1999 年 8 月＝251.7 美元 / 盎司
最大生產國（2016 年）*	中國 > 澳洲 > 俄羅斯 > 美國 > 加拿大
最大使用國（2017 年）*	中國 > 印度 > 美國 > 德國 > 土耳其

* 資料來源：美國地質調查所（USGS）、World Gold Council

　　黃金自古以來就是最讓人目眩神迷的金屬，也可以說是財富的象徵。黃金之所以可以取得人類幾千年來的信任，源自於它的根本性質：活性小，幾乎無法氧化。也就是這特性，才能讓黃金一直都是世界上最重要的貨幣，一直到近代紙幣大量使用之後，黃金才慢慢退出貨幣的地位。

圖 5—1 ▸ 1975 年 1 月到 2018 年 5 月金價（月線圖）

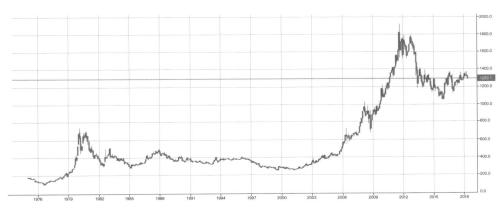

資料來源：https://www.tradingview.com/chart/

黃金的基本性質

（一）通貨膨脹與實質利率的領先指標

　　黃金（及所有的原物料）投資是沒有利息的，而且黃金的工業用途也不多，因此投資黃金除了規避戰爭和金融市場動盪之外，只有一個時候需要投資黃金：規避通貨膨脹風險。這裡說的通膨風險可分為通膨大幅上漲的風險

與通膨大幅下跌的風險。試想：你什麼時候會放棄貨幣存款的利息，而投資沒有利息的黃金？當然就是通貨膨脹高到把利息全部都吃掉的時候；但是發生嚴重的通貨緊縮時，黃金也會上漲，這是因為嚴重通縮通常代表經濟崩盤、股市暴跌，這時候黃金的避險性質也會讓金價大漲，大蕭條時期金礦股暴漲（圖5—2，當時美國政府禁止民眾持有黃金，所以金礦股應該可以反應金價的走勢）就是這原因。**但黃金和通貨膨脹的高點不是同步的，根據我的研究，金價頂點領先美國通膨高峰約3～13個月（少數時間與通膨反轉點同月份），也就是說金價是美國通膨的領先指標。**

除了通膨，實質利率也是影響金價的一個重要因素，而實質利率的計算公式是利率扣除通膨率，例如現在利率2%而通膨率為3%，那麼實質利率就是－1%。由於高通膨時代，實質利率通常偏低，因此黃金通常在低實質利率時表現較好；但是若通貨緊縮非常嚴重，那麼實質利率可能偏高，此時黃金也會大漲。

而市場上對於黃金常見的另一個謬論就是「美國升息，黃金會下跌」，那麼美國2015年12月第一次升息時，黃金為何剛好是2011年之後的最低點，之後美國越升息黃金越漲？

這是因為央行調升利率的幅度通常低於通膨上升的速度，所以央行升息階段往往實質利率變低，而低實質利率通常有利金價上漲，因此才會有「央行升息，黃金也漲」這種「奇怪現象」了。所以觀察黃金價格的關鍵不在於央行升息於否，而在於實質利率。

圖 5—2 ▶ 金礦股（以 **Homestake** 代表，當時美國最大的金礦股）與道瓊工
業指數在 **1921** 年到 **1940** 年的走勢圖，可以看出 **1929** 年 **8** 月到
1932 年 **7** 月兩者截然不同的表現

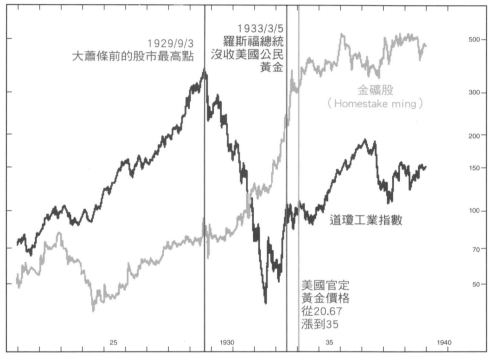

　　綜上所述，我們可以了解投資黃金的目的就是為了規避通膨或實質利率
的大漲或大跌，而上述兩種情況通常都容易引起股市下跌，所以黃金可以當
成資產組合的「保險」。

（二）具有貨幣屬性，且多數時間與美元走勢反向

　　一直以來，黃金是價值最高的貨幣之一，這是因為黃金就是黃金（只要是純的），美國國庫的黃金和大家手上的黃金並沒有什麼不同。黃金這種共通性質讓它成為人類歷史上使用最久的貨幣資產，且是法定貨幣弱勢時的最佳替代標的。因此當全世界不信賴美元的價值時，除了買進非美元貨幣以規避風險之外，就是輪到黃金這個「貨幣之王」復出平定亂局的時候了，這就是金融界所說的黃金的「貨幣溢價」！

　　因此每當美元大幅貶值，黃金一定會有很好的表現。如果配合上高通膨時代，那黃金的報酬率就更好了。例如 1971 到 1980 年、1985 年 1987 年、2001 年 2011 年，都是美元貶值時期，因此黃金都有很好的表現。

　　另外，黃金只是多數時間與美元反向，並非 100% 與美元反向。若黃金與美元一同上漲，多半是發生金融危機的時候，2008 年就是最好的例子（圖 5—3）。

圖 5—3 ▶ **2008 年黃金、美元指數與道瓊工業指數的表現（日線圖，與年初價格相比的表現百分比），當年道瓊工業指數大跌 33.84%，而黃金與美元指數都上漲約 6%**

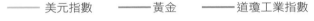

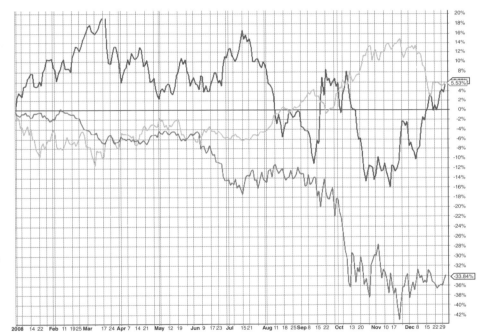

資料來源：http://stockcharts.com/

（三）動盪時期的避險標的

黃金與美元、瑞士法郎都是最重要的避險資產，因此當戰爭與股市崩盤發生時，通常會推升黃金價格。然而，這兩項因素都是意外因素，常常無法

預期，因此我們不必整天期待世界發生戰爭或股市崩盤，黃金的上漲還是要靠美元貶值及通貨膨脹才能長長久久！

（四）與大多數資產及景氣循環的相關性低

分散投資最根本的要義就是利用不同資產之間較低的連動性，消除整體資產組合大幅波動的風險，而黃金和股市、房地產的相關係數皆處於—0.2 ～+ 0.2 之間，相關性極低，甚至和石油的相關系數只有也不到 0.1，只有與美國國債相關性較高（0.48，屬中度相關，可能是因兩者都具有避險屬性），因此黃金可以做為分散投資的重要資產類別，避免整體資產組合波動過大的風險。

另外一種常見的錯誤觀點是：景氣好（或股市上漲）時，黃金一定會下跌，這其實也是天大的誤解，黃金其實和景氣循環（或股市表現）的相關度不高，而是和通貨膨脹的相關度較高，也就是說，要是景氣成長引發高通膨，那麼黃金照漲不誤；要是景氣差通膨也高（經濟學名詞稱為「停滯性通膨」，例如 2008 年上半年），那黃金也會上漲。例如 2003 年到 2007 年（圖 5—4，見 P.88），這段時間的經濟成長率明顯比 2011 年之後更好，股市也上漲了 64.21%，但黃金價格在這段時間漲了 38.34%！原因是因為這段時間通膨成長率（並非絕對物價）較 2011 年之後快，因此 1999 年至 2011 年黃金大漲；而近年因為通膨成長率較低，因此金價下跌。2015 年 12 月之後，金價與通膨成長率又開始一起上漲。

表 5—2 ▸ 黃金與主要資產的 3 年周報酬相關係數

	黃金	美元指數（貿易加權）	布蘭特原油	S&P GSCI	BarCap US Tsy Agg	標準普爾 500	DJ US REIT Index
黃金	1.00						
美元指數（貿易加權）	—0.55	1.00					
布蘭特原油	0.04	—0.18	1.00				
S&P GSCI	0.11	—0.22	0.92	1.00			
BarCap US Tsy Agg	0.48	—0.36	—0.22	—0.23	1.00		
標準普爾 500	—0.13	0.06	0.28	0.33	—0.25	1.00	
DJ US REIT Index	0.16	—0.16	0.12	0.15	0.26	0.60	1.00

S&P GSCI：標準普爾—高盛原物料指數，可視為原物料總體的基準指數

BarCap US Tsy Agg：巴克萊美國國債總和指數，可視為美國國債總體的基準指數

DJ US REIT Index：道瓊美國 REITs（房地產投資信託）指數，可視為美國房地產總體的基準指數

資料來源：World Gold Council，截至 2018 年 3 月 30 日

所以 1980 年到 1999 年黃金會從 880 美元下跌到 250 美元，就是因為這段時間的通貨膨脹成長率都不高，所以黃金價格下跌。而這段時間股市因為原物料成本降低，道瓊工業指數這段時間內上漲了 15 倍，債券殖利率也大幅下跌（債券的殖利率和價格反向）。因此，下次再看到景氣轉好所以黃金下跌的評論，請把它丟到垃圾桶去！

圖 5—4 ▶ **2003 年到 2007 年金與道瓊工業指數的表現（周線圖，與年初價格相比的表現 %）**

——— 金　　——— 道瓊工業指數

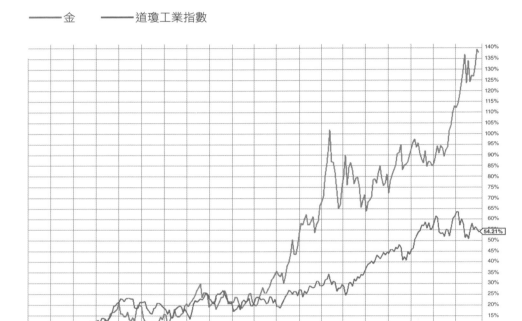

資料來源：http://stockcharts.com/

黃金價格的主要驅動因子

（一）美元升貶值

已於前文之中詳述。

（二）通貨膨脹（或實質利率高低）

已於前文之中詳述。

（三）黃金的供應

黃金的供應主要有「礦業開採」、「回收金」與「央行出售」三個管道，其中以礦業開採最為重要，而礦業開產具有相當的延遲性，也就是說現在訂定開採計畫，可能五年後才有辦法正式量產黃金，另外南非由於礦脈開採已久，近年的黃金產量節節下滑，2016 年已經落至全球產金第七名的位置，現在世界黃金的第一大產國反而是中國。

至於回收金則通常與金價正相關，也就是金價越高則回收量越多；而央行出售黃金這點十分有趣，那就是央行反而和散戶一樣容易追高殺低，最有名的例子就是 1999 年到 2002 年，時任英國財政部長 Gordon Brown 賣出英國近一半的黃金，而當時黃金價格在一盎司 250 到 300 美元，是數十年的低點（此事件被戲稱為 Brown Bottom 或 Brown's Bottom，可自行查詢維基百科），英國納稅人因為這次錯誤的投資而損慘重！所以若央行大量賣出黃金，黃金價格可能反而見底；而央行買進黃金，其實反而可能是黃金見頂的跡象。

（四）黃金的需求

　　黃金的需求主要是規避通貨膨脹與金融市場風險，也就是美元貶值與（或）金融市場不穩定時，黃金的需求會大增，而黃金的工業需求比例不高，因此工業需求幾乎不會影響黃金的價格表現。而近年來 ETF 的發達，很多投資人已經選擇 ETF 作為貴金屬的主要投資工具，因此 GLD 這檔全世界最大的黃金 ETF 的成交量和持有量就非常重要。

（五）戰爭、恐怖攻擊或股市崩盤等其他意外因素

　　並不是世界上每個地方發生戰爭或恐怖攻擊都會影響黃金的價格。因為中東是全世界最大的石油產地，因此當中東發生戰爭或重大的恐怖攻擊，例如傷害到石油的運輸，能源價格就會因此暴漲，此時對於黃金價格的影響最大，而其他地區發生戰爭的影響較小，甚至毫無影響。

　　關於股市崩盤時黃金是否會上漲，主要還是看通膨而定：也就是股市崩盤伴隨高通膨或嚴重通縮，那黃金將會大漲；但若股市崩盤之後只有輕微通貨緊縮，那麼之後黃金價格會跌的更低。以 2007 年到 2009 年股市崩盤為例，黃金當時在 2008 年 3 月創下波段高點，之後下跌到 2008 年 10 月才反彈，這就是因為這波金融危機的前半段通膨較高，因此金價上漲；而後半段雖然油價崩盤卻只帶來輕微通縮，因此黃金下跌。

黃金價格的季節性

　　印度是世界最二大的黃金消費國，因此對黃金的影響非常大。由於印度

多半在 9 月開始一連串的結婚旺季，因此印度的黃金廠商在 8 月就會開始進貨，金價從 8 月就可能蠢蠢欲動。而每年 9 ～ 10 月剛好又是股市較容易發生崩盤的時候，年底至隔年初又適逢全球眾多主要節日：耶誕節、元旦、農曆新年，因此黃金的消費量通常會持續到隔年 2 月，到了 3 月之後，因為油價通常也處於季節性的低點及主要國家黃金使用量均開始減少，因此黃金價格通常在 5 ～ 7 月較容易下跌。由於黃金影響所有的貴金屬價格，因此黃金價格的季節性也可以適用於其他貴金屬的季節性。

黃金價格的簡史

　　這要從大蕭條（1929 年到 1933 年）時期開始說起：1929 年美國股市崩盤，同時間原物料價格崩盤造成嚴重的通貨緊縮，通貨緊縮讓美國民眾延遲消費，因此工廠接不到訂單，導致失業的情況越來越惡化，這又導致民眾失去購買力，物價跌得更嚴重。美國總統羅斯福為了挽救危局，因此實施一系列的「新政」，其中與黃金有關的兩項政策：沒收並禁止民間持有黃金、1934 黃金價格從 20.67 美元漲到 35.00 美元（等於美元對黃金貶值了 69%），這個政策的目的當然是為了讓物價上漲，強迫人民提前消費，而 2008 年的信貸危機、股市崩盤之後，美國的大量印鈔加上零利率政策，目的也是為了讓美元貶值，強迫民眾提前消費，可見歷史雖然經過了七十年，走勢卻是驚人的相似！

　　大蕭條帶來的極端政權與排外主義引發第二次世界大戰，因為世界各國爭相以黃金儲備向美國購買軍火及各種民生物資，使得美國的經濟總算在二戰的商品需求下蓬勃發展，也讓美國成為全世界最大的黃金儲備國。在第二

次世界大戰之後，多數的歐洲國家已經殘破不堪，美元因為龐大的製造業實力與黃金儲備而在 1944 年的布列敦森林協議（Bretton Woods system）取得了世界貨幣的主導地位，一直到現在也沒有其他貨幣能夠取而代之。

布列敦森林協議主要有以下幾個條款：成立世界銀行（World Bank）與國際貨幣基金會（IMF）、金價固定於 35 美元且美國保證美元可以無限制兌換黃金、全世界貨幣以固定匯率釘住美元，後面兩條等於就是承認美元是世界貨幣之王，而黃金又是美元背後的太上皇。這協議最初目的是要穩定戰後的國際金融秩序，消弭匯率風險進而促進跨國投資，然而戰後西德和日本兩個製造業大國的復甦，以及之後的亞洲四小龍，使得美國的從巨額的貿易盈餘國轉為巨額的貿易赤字，因此美國對於外國央行兌換黃金的要求越來越難維持。到了 1971 年 8 月 15 日，尼克森總統宣布片面廢止布列敦森林協議，黃金開始根據市場交易價格自由浮動（表 5—3；圖 5—1，見 P.81）。

1970 年代至 1980 年代初期，因為美元貶值、通貨膨脹高漲（1980 年的消費者物價指數年率最高到 14%）、之前幾十年的黃金低價壓抑產量，加上 1973 的第四次中東戰爭及第一次石油危機、1979 伊朗伊斯蘭教革命、蘇聯入侵阿富汗、伊朗人質危機、1980 年兩伊戰爭等地緣政治事件的推波助瀾，金價展開了人類歷史上最令人目眩神迷的的多頭之一，從 1971 年的 35 美元暴漲到 1980 年 1 月 21 日的 880 美元，足足上漲了 24 倍多！然而，這波大多頭也可以分為三階段：1971 年到 1974 年 12 月金價從 35 美元漲到 200 美元；1974 年 12 月到 1976 年 8 月金價從 200 美元跌到 100 美元，價格腰斬；但 1976 年 8 月開始，黃金居然大漲了 700% 以上！然而，這十年（1971 年

到 1980 年）之內道瓊工業指數卻經歷兩次空頭，1973 年到 1974 那次空頭甚至下跌近 50%，1979 年美國的商業週刊甚至公開宣稱「股票已死」，可見當時黃金的漲勢多麼驚人！同時間，債券市場也因為美國聯邦儲備理事會連番的升息動作而崩盤（1980 年到 1982 年，利率最高升到 20%），因此當年「股債平衡」的投資策略在當時的停滯性通膨時代完全失效，未來我們可能又再度經歷另一次停滯性通膨，各位投資朋友千萬要注意！

表 5—3 ▶ **1971 年以來的黃金走勢**

年代	價格走勢	主要事件
1971 ～ 1980	35 美元漲到 880 美元，24 倍	1971 年　布列敦森林協議瓦解 1973 年　美國再度允許國民持有黃金 1973 年到 1974 年　第一次石油危機 1979 年到 1981 年　第二次石油危機（發生伊朗伊斯蘭教革命、蘇聯入侵阿富汗、兩伊戰爭、伊朗人質危機等重大事件）
1980 ～ 1999	880 美元跌到 250 美元，跌 71.5%	1985 ～ 1992 年　此時並不是原物料的大多頭，只有美元貶值推動黃金上漲，黃金從 284.25（1985 年 / 2 月）漲至 499.25（1987 年 /12 月），只漲了 75.6%
1999 至今	250 美元漲到最高 1920 美元，6.68 倍	2000 年　網路科技泡沫、股市崩盤 2001 年　911 事件 2003 年到 1011 年　第二次伊拉克戰爭 2007 年到 2009 年　美國房地產泡沫爆炸，全球股市崩盤 2009 年到 1011 年　歐債危機 2011 年 8 月　美國信用評等被調降 2011 年 9 月　金價漲到歷史最高點（1920 美元 / 盎司） 2015 年 12 月　金價於 1046.18 美元 / 盎司見底 2017 年 1 月　美元再度開始貶值

　　然而，暴漲之後必有崩盤，就連做為世界價值基準的黃金也無法倖免。1979 年，沃克爾（Paul Volcker）開始接掌聯邦儲備理事會，他一反之前幾任主席的退縮態度，開始積極提升利率，最終將利率升到 20%，此舉讓美國百業蕭條、債券及股市大跌，當時的失業率高於 10%，可見狀況有多嚴重！這麼做的目的就是要徹底擊毀通貨膨脹，因此黃金在 1980 年 1 月 21 日於 880 美元左右見頂之後，開始大跌，之後黃金雖然仍有反彈，但大致上處於空頭走勢，一直到 1999 年 8 月黃金於 250 美元附近見底，這段時間的實質利率幾乎都 >0，因此黃金價格在幾次的漲跌之中損失了 66% 以上的價值，可見世界上沒有什麼資產是永不下跌的！

　　1999 年開始，隨著 2000 年網路科技泡沫破裂，2001 年 911 恐怖攻擊，以及中國崛起造成原物料需求大增，黃金此時開始一路上漲，到了 2008 年 3 月第一次突破 1000 美元的整數關卡，2008 下半年卻因為金融危機造成的通貨緊縮而下跌到 680 美元。但 2008 年底美國為了挽救經濟，開始實施量代寬鬆政策，加上 2009 年到 2011 年的歐債危機、2011 年 8 月 8 日美國信用評等被調降，黃金於是從 680 美元一路上漲到 1920 美元（2011 年 9 月），在 3 年內漲了 182%！

　　但在漲到 1920 美元的歷史新高之後，由於美國的通膨率節節下滑（2015 年甚至有數月陷入通縮），黃金於是在 2015 年 12 月跌到 1046.18 的波段低點，當月開始又因為美國通膨再起與美元貶值，黃金重新開啟多頭走勢，目前價格約在 1200 美元附近（2018 年 8 月）。

黃金的未來展望

　　未來黃金會不會繼續上漲呢？我認為黃金還有很大的上漲空間，而且可能是所有原物料中最具投資潛力的，主因是目前美國股市的本益比（根據諾貝爾獎得主—席勒教授提供的 CAPE）是一百多年以來第二高，可見美股的泡沫化非常嚴重，而美元又處於長期貶值周期的初期，光這兩點就可以讓黃金一片光明。至於黃金會漲到多少？在歷次黃金大多頭頂點，道瓊工業指數與黃金的比例（圖 5—5）都會跌到 5 倍以下，那麼假設這次道瓊工業指數未來下跌至約 8000 ～ 9000 點，那麼黃金至少會上漲到 1600 美元～ 1800 美元，各位讀者可要好好把握機會了！

圖 5—5 ▶ 道瓊工業指數 / 黃金價格比（1915 年 2 月到 2018 年 3 月）

資料來源：http://www.macrotrends.net/1378/dow-to-gold-ratio-100-year-historical-chart

未來可能會造成黃金價格推升的其他因素

（一）中國或某大國突然宣布增持黃金儲備

由於中國龐大的外匯儲備中，黃金的比例相當低，因此市場上一直在猜測中國央行何時會大量增持黃金儲備。實際上，筆者認為中國央行一直偷偷的增持黃金儲備，例如 2009 年 4 月，中國央行對外宣布，中國的黃金儲備突然多了五、六百公噸，當時國際上才恍然大悟：實際上他們的黃金儲備從 2003 年以來對外宣稱的數量都是假的，可見中國央行增持黃金儲備一直是「進行式」而不是「未來式」，而俄羅斯央行也是這幾年來非常穩健的黃金買主。不過根據我上文所述，若全世界央行大舉買進黃金，可能這時候黃金的高點已近，我們就可以開始賣出黃金了。

（二）美國股市崩盤或出現債務危機

前文已說過美股的本益比是一百多年以來第二高，因此美股發生崩盤的可能性很大，而且這次崩盤絕對不會像 2008 年一年就結束了，因為這次的本益比高估狀況比 2008 還嚴重，所以各位讀者千萬不要想要「逢低承接」、「定期定額」股票或基金而被長期套牢，而當股市暴跌，資金一定會大量買進黃金避險。回顧 2011 年 9 月黃金漲到歷史新高的原因之一，就是 2011 年 8 月 8 日美國的信用評等被調降，時至今日，目前美國一國的國債已經比全世界其他所有國家加起來還多，因此之後美國爆發債務危機的機會很高，當美國爆發債務危機，美元必定重貶，最大的受益者當然還是黃金！

黃金的投資工具

黃金可說是各種原物料之中，投資工具最多樣化的，共有以下幾種投資工具可以使用：

（一）金礦股票、黃金股票型 ETF、黃金基金

金礦股就是黃金礦業公司的股票，它們的股價大致上是黃金的領先指標，且漲幅或跌幅多半都比黃金劇烈，因此風險遠比其他幾種投資黃金的工具高（期貨除外）。目前筆者個人持有紐曼礦業（Newmont Mining，美股代號：NEM）的股票，這間公司是全世界第二大的金礦公司。

至於黃金股票型 ETF 就是投資金礦股的 ETF，目前以 GDX（金礦股 ETF）的市值最大，能夠接受更高風險的讀者可以少量投資 GDXJ（小型金礦股 ETF），這檔真的波動很大，請謹慎使用。而黃金基金其實就是投資金礦股的基金，因此在作用上與金礦股或金礦股 ETF 類似。

（二）黃金 ETF（實體型或期貨型，不含股票型）、黃金存摺

這是追蹤金價最好的投資工具。實體型黃金 ETF 以美國 SPDR 公司發行的黃金ETF（美股代號：GLD）成交量最大，這檔 ETF 每一單位代表持有近 0.1 盎司的黃金（也就是它是實體原物料型 ETF），交易就像股票一樣，在美國股市的開盤時段隨時可以交易。另外台灣的元大寶來公司也發行一檔「元黃金」（台股代號：00635U），這檔黃金 ETF 為期貨型，也就是可以追蹤無槓桿的黃金期貨績效，而且由於是台幣計價，所以也會受到新台幣匯率的影響。

　　而黃金存摺在國內各銀行都可以開戶，這是目前國內最方便的黃金投資工具，開戶手續與注意事項可以參考各銀行官網。

（三）黃金期貨

　　有槓桿風險，所以並不適合初學者操作。

（四）實體黃金

　　這包含金幣與金條塊兩種，缺點是較難變現與保存不易。

白銀小檔案　▶白銀：黃金的兄弟，但僅限於通膨時代

英文及元素符號	Silver、Ag
主要用途	電子工業、珠寶首飾、金融交易
季節性	9 月～隔年 3 月最強勢、5 ～ 7 月最弱勢
1965 ～ 1982 年最高點	1980 年 1 月 = 50 美元 / 盎司
1970 年代多頭之後的最低點	1991 年 2 月 = 3.505 美元 / 盎司
最大生產國（2017 年）*	墨西哥 > 秘魯 > 中國 > 俄羅斯 > 智利
最大使用國（2017 年）*	中國 > 美國 > 印度 > 日本 > 德國

＊資料來源：The Silver Institute

　　銀做為主要貨幣的歷史就算沒有黃金久，也並不遜色。由於銀的產量較多，加上銀比金更容易氧化，因此銀的價格一直以來都比黃金低廉。然而，就是因為銀相對不受到大家重視，因此當嚴重貨幣貶值及高通貨膨脹來臨時，銀的價格往往飆漲的比黃金更厲害，就如一句台語諺語所言：「小卒也會出頭天」！

圖 5—6 ▶ **1970 年 2 月到 2018 年 5 月銀價（月線圖）**

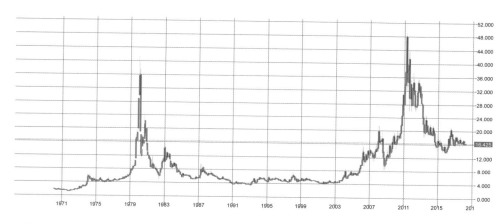

資料來源：https://www.tradingview.com/chart/

白銀的基本性質

（一）與金價高度相關：

　　白銀與黃金兩者的相關係數高達 **0.9** 以上，因此黃金的走勢與白銀的走勢高度相關。整體來說，白銀在高通膨時期，漲幅會遠大黃金；但若是股市崩盤或是通貨緊縮發生，銀的表現就會比金差，甚至可能出現金漲銀跌的狀況，例如 2008 年就是如此（圖 5—7、5—8）。

圖 5—7 ▶ **2008 年金、銀的表現（日線圖，與年初價格相比的表現 %），上**
半年因為油價暴漲引起高通膨，所以銀表現比金好；但下半年景氣
衰退引發通縮疑慮，金表現就比銀好。

────金　────銀

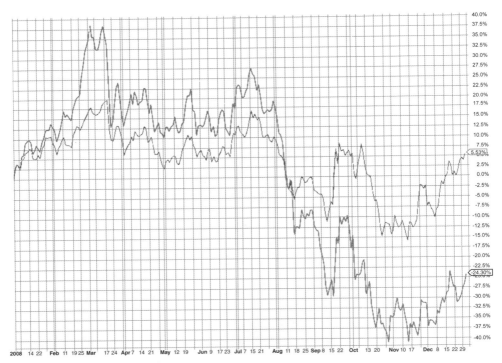

資料來源：http://stockcharts.com/

圖 5—8 ▸ **1814 年以來，通縮時期的金、銀與原物料表現。可以看出通縮時期就算銀價上漲，但金價表現會更好**

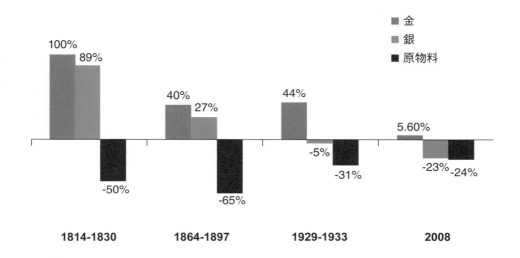

資料來源：http://www.incrementum.li/en/

（二）具有部分貨幣屬性，且與美元反向

銀也與黃金一樣，在美元貶值與高通膨時期有所謂的「貨幣溢價」，也就是白銀此時會被視為一種「穩定的替代性貨幣」而被大量買進，價格因此會狂飆。至於「和美元走勢反向」，這點是所有原物料共通的特性，此處就不再詳述。

（三）通貨膨脹（或實質利率高低）的領先指標，且上漲的比黃金更猛

在通貨膨漲時期，大家往往會先購買黃金以對抗通貨膨脹，但是當黃金價格太高，已經不是一般人可以負擔的時候，相對低廉的銀價就會受到重視而大幅飆漲（因此銀有時被稱為「窮人的黃金」）。因此當原物料多頭剛開始時，銀的漲勢或許落後於黃金，但到了後期，其漲幅絕對更為猛烈。

（四）白銀的供應

銀主要產於中南美洲，此外，銀的供應量還有幾個特殊之處：

1. 大部分白銀礦藏是伴生礦

大多數的白銀都是鉛、鋅、銅、金的伴生礦，也就是說銀是開採工業金屬與黃金的副產品，並不是這些礦場主要的獲利來源，因此銀價漲跌與銀產量沒有太大關係，而是工業金屬與黃金的價格漲跌與銀產量關係較大。

2. 白銀的回收管道較黃金少

以台灣來講，幾乎沒有回收銀飾的管道，因此當白銀價格高漲時，無法有大量的回收量讓白銀下跌。也就是白銀的供應彈性很小，較難因為高價而有大量的「回流銀」打壓價格。

（五）白銀的需求

白銀的需求主要有電子工業、銀幣與銀條、珠寶首飾、銀器、底片、投資需求等幾項。近代以來，本來銀最主要的用途是底片上的溴化銀，但近年

來因數位相機的興盛，傳統底片的使用已經式微，因此這一方面的需求已經不足以影響市場價格。但銀是所有元素中導電及導熱性最佳的，且比銅更不容易氧化，因此近代電子工業的發展反而需要更多的銀。當然銀的需求飆升，與工業需求並無太大關聯，通常都是極端的通膨時代銀的投資需求大增，這已於上文有詳細說明。

（六）白銀的成交量較小

白銀的成交量遠比黃金小，**因此當同樣的資金湧入金、銀兩個市場時，白銀的漲幅會比黃金大上許多。**這點可從以下例子了解：當兩顆同樣大小的石頭，分別丟入一個小池塘和一個大湖泊，哪個會激起較大的漣漪？當然是小池塘，而白銀就是那個小池塘。**因此，白銀的波動也比黃金大，當在配置資金的時候，建議白銀最多配至黃金的 1/4，保守者 1/6（甚至更少）即可。**

（七）金／銀比

金／銀比是最重要的白銀價格判斷依據之一（圖 5—9），因為銀價波動較高，所以在極端的通貨膨脹時期（例如 1970 年代，此時通常是貴金屬及原物料的大多頭時期），銀價漲幅大於金價漲幅，因此金／銀比會降低；而經濟嚴重衰退且有通膨緊縮疑慮的時期（例如 2008 年），黃金跌幅較小（甚至有可能上漲）而銀價下跌，因此金／銀比會上升。

圖 5—9 ▶ 金價 / 銀價比（1971 年 8 月到 2018 年 4 月）

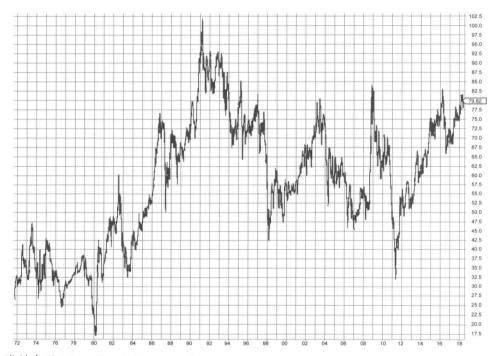

資料來源：http://stockcharts.com/

白銀價格的主要驅動因子

（一）美元升貶值

已於前文詳述。

（二）通貨膨脹（或實質利率高低）

已於前文（「黃金的基本性質」）詳述。

（三）白銀的供應

由於多數礦產銀是開採工業金屬礦藏的副產品，因此銀礦的供應量主要與黃金或工業金屬價格相關性較高。

（四）白銀的需求

白銀的需求主要和電子工業有關，但這幾年來由於 ETF 及各種投資管道的興起，投資需求對銀價的影響也很重要，因此 SLV 這檔全世界最大的白銀 ETF 的成交量和持有量就非常重要。

（五）金／銀比

1971 年布列敦森林協議瓦解之後，金／銀比範圍約在 15 ～ 105 之間大幅震盪，多數時間位於 30 ～ 95 之間，平均值約在 60 附近。因此若金／銀比 > 60 且有反轉向下的可能，那麼可以加碼銀（例如原來銀的配置是金的 1/5，這時候可以加碼）；反之，若金／銀比 <60 且有反轉向上的可能，那麼應該減碼銀。

白銀價格的季節性

銀與金的季節性表現相似，請參考黃金價格的季節性。

白銀價格的簡史

銀價與金價有較高的連動性。但由於銀產量較多，因此可以自由交易的時間較黃金長。黃金在歷史上有很多時候只限於帝王賞賜用的，民間不許私自持有或交易。我們這邊將從大蕭條開始敘述銀價的變動：

大蕭條時代，美國強制民間將黃金賣給政府，並且不許私自持有黃金，否則將被監禁且處以高額罰款。而同時之間將美元對黃金貶值，並且收購民間的銀，做為國家的貨幣發行準備。這些銀在 1960 年代陸續釋出，造成 1960 年代銀價只能區間盤整。到了 1970 年代，銀的產量開始減少，加上美元貶值、高通膨及實質負利率，銀價開始穩定的上漲。

除了以上因素之外，銀的價格會在 1980 年 1 月 21 日漲到 50 美元的歷史最高點，有一部分原因是因為美國的石油大亨—杭特兄弟（Nelson Bunker Hunt）的炒作，1973 年第一次石油危機爆發之後，由於利比亞的格達菲政府沒收杭特兄弟的油田，加上通膨、銀礦供應不足等基本面因素日益嚴重，因此他們便開始進軍白銀期貨市場，幾個月內居然買進了數千萬盎司的白銀，讓白銀的價格從 2.5 美元狂飆到超過 6 美元以上。

更誇張的是，當期貨合約到期之後，他們選擇實體交割的方式，也就是選擇提領實體白銀（而不是現金結算），這讓紐約商品交易所幾乎清空了所內的白銀庫存才得以應付杭特兄弟們的要求。之後，他們又找到幾位志同道合的阿拉伯酋長加入炒作白銀的行列，於是白銀的價格在 1977 年之後開始直線上揚，到了 1980 年初終於達到 50 美元的歷史高點，足足漲了 24 倍！

然而，這樣的市場炒作也引來工業界、珠寶界和金融界的撻伐之聲，因此紐約商品交易所在銀價最高點這天，限制交易所不能進行白銀的買進而只能白銀賣出，因此白銀炒作的榮景就轟然崩潰，甚至還因為杭特兄弟的鉅額白銀期貨保證金催繳，拖累道瓊指數大跌，讓當時已經飽受第二次石油危機之苦的華爾街雪上加霜。杭特兄弟等人也在 1988 年宣布破產，結束在金融市場傳奇的一生。

1970 年代杭特兄弟的炒作，固然是白銀價格暴漲的一個主因，然而，如果沒有根據基本面再進場炒作，那麼就算杭特兄弟富可敵國，世界上其他所有人的資金加起來也可以把價格摜壓到他們立刻破產。

1970 年代的原物料嚴重供不應求，此時不僅黃金白銀價格暴漲，連鑽石和白金價格也暴漲，例如 1979 年 1 月，一顆標準的安特衛普無瑕鑽石要價 2 萬美元，到了 1980 年 1 月，居然漲到 6 萬美元，等於上漲了 3 倍，可見當時的經濟環境的確是對原物料等實體資產極為有利。因此，我常聽到不少人說：這價格是在炒作，因此我不想買。那麼你覺得有哪種金融資產的價格沒有「炒作」牽涉其中？所以炒作根本不是重點，重點是有「沒有根據基本面」而炒作，當價格是「根據基本面」而炒作，就應該勇於進場，換得人生的巨大財富！

1980 年銀價崩盤之後，白銀與眾多原物料都度過了慘澹的二十年歲月，這段時間銀雖然也有上漲，但頂多是一、兩倍的漲幅，且多半不持續超過一年。2000 年開始，隨著原物料大多頭的再起，銀也從 2001 年 11 月的最低價：4 美元上漲到 2011 年 5 月 1 日的最高點 50 美元，然而之後由於通膨降溫及

美元開始走強，因此銀價下跌到 13.639 美元。2015 年 12 月開始，因為美國通膨再起與美元貶值，金、銀都重新開啟多頭走勢，銀價又從 13.639 美元開始上漲，目前約在 15 美元左右（2018 年 8 月）。

白銀的未來展望

銀價基本上可以從黃金價格及金／銀比兩者推估出來：假設黃金價格漲到 1600 美元到 1800 美元，那麼以 2000 年以來最低的金／銀比範圍在 45 ～ 80 之間計算，則銀價的預期範圍應該是 40 美元（1800/45）～ 20 美元（1600/80），平均價格約 30。而目前銀價約為 15 美元，也就是說至少還有 30% 以上的上漲空間！

白銀的投資工具

除了沒有「白銀存摺」這種投資產品以外，投資白銀的方式與黃金類似，總共有以下幾種投資工具可以選擇：

（一）銀礦股票或白銀股票型 ETF

銀礦股就是白銀礦業公司的股票，它們的股價大致上是白銀的領先指標，且漲或幅多半都比白銀劇烈，因此風險遠比其他幾種投資白銀的工具高（期貨除外）。筆者認為單一銀礦公司的股票風險還是太大，銀礦公司 ETF 可能比較適合各位讀者。當然，白銀類資產本身就比黃金類資產波動大，所以若都不投資也可以，有興趣的人也可以考慮投資 SIL（銀礦股 ETF）或 SILJ（小

型銀礦股 ETF）。不過由於白銀價格本身波動就不小，銀礦股又比白銀價格波動更大，因此銀礦股相關投資不建議超過總資產的 2.5%。

（二）白銀 ETF（實體型或期貨型，不含股票型）

這是追蹤銀價最好的投資工具。目前實體白銀 ETF 以美國股市上市的 SLV 的成交量最大，這檔 ETF 每一單位代表持有近 1 盎司的白銀，買賣程序與股票相同，在美國股市的開盤時段隨時可以交易。

另外台灣的元大寶來公司也發行一檔「元白銀 ETF」（台股代號：00738U），這檔白銀 ETF 為期貨型，也就是可以追蹤無槓桿的白銀期貨績效，但由於是台幣計價，所以也會受到新台幣匯率的影響。

（三）白銀期貨

有槓桿風險，所以並不適合初學者操作。

（四）實體白銀

這包含銀幣與銀條塊兩種，缺點是較難變現與保存不易，而且台灣多數的銀樓都沒有販售銀幣與銀條塊，因此若要購買銀幣與銀條塊只能在其他的民間公司購買（可自行網路搜尋，請注意純度問題）。雖然台灣銀行也有實體白銀的銷售，但台銀並不提供實體白銀的回購服務，請各位讀者注意。

鉑與鈀小檔案 ▶鉑（白金）與鈀：汽車工業必備品

英文及元素符號	鉑 Platinum、Pt；鈀 Palladium、Pd
主要用途	汽車觸媒轉換器、珠寶首飾、電子工業、金融交易
季節性	9 月～隔年 3 月最強勢、5 ～ 7 月最弱勢
1965 年到 1982 年最高點	鉑 1980 年 1 月 = 1070 美元 / 盎司 鈀 1980 年 2 月 ≒ 330 美元 / 盎司
1970 年代多頭之後的最低點	鉑 1985 年 3 月 = 236 美元 / 盎司 鈀 1982 年 6 月 = 48.5 美元 / 盎司
最大生產國（2017 年）*	鉑：南非 >> 俄羅斯；鈀：俄羅斯 > 南非
最大使用國（2017 年）*	中國 > 日本

＊ 資料來源：Johnson Matthey

　　鉑（白金）和鈀均為白金族 （Platinum group metal，簡稱為 PGM）的金屬元素，兩者在工業上的用量均遠大於投資用量，這點和銀相同而與金不同。這兩者的產量都比黃金要稀少，但是價格差異卻頗大。以下開始簡介兩者的基本性質。

圖 5—10 ▶ **1980 年 1 月到 2018 年 4 月鉑價（周線圖）**

資料來源：http://stockcharts.

圖 5—11 ▸ **1980 年 1 月到 2018 年 4 月鈀價（周線圖）**

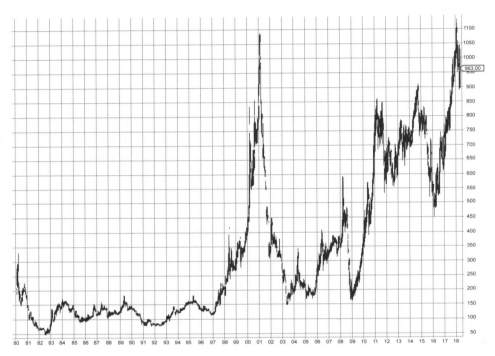

資料來源：http://stockcharts.com

鉑與鈀的基本性質

（一）主要用途是製造汽車的觸媒轉換器及首飾

　　鉑與鈀兩者活性都極小，主要用途均為製作汽車的觸媒轉換器（catalytic converter），所謂的觸媒轉換器就是藉由鉑或鈀的幫助之下，將車輛排放的

有毒氣體轉換成較無害的氣體的一種設備，因此鉑和鈀兩者皆與汽車工業有高度的相關性，這也就是 2008 年下半年兩者價格皆隨著汽車需求一蹶不振而崩盤的原因。因此當這兩種金屬價格高漲時，觸媒轉換器常有失竊的可能。因此若這兩種金屬價格大漲，那麼建議車主盡早把觸媒轉換器焊死於車底，以免未來失竊時損失不貲啊！

（二）產量遠比黃金少，與黃金的價格比例為重要參考依據

　　鉑與鈀的年產量都是約 200 多公噸，遠少於黃金礦產的每年 3300 公噸左右，2008 年以來的鉑與鈀產量請見表 5—4 及 5—5。

表 5—4 ▸ **2008 年到 2017 年鉑的供應與需求（單位：公噸）**

	2008	2009	2010	2011	2012	2013	2014	2015	2016	2017
鉑供應	184.8	187.4	188.2	201.7	176.6	181.8	160.3	189.9	189.2	185.8
鉑需求	191.6	167.6	189.0	187.7	182.3	199.2	182.7	201.1	195.5	182.4
供應—需求	—6.8	19.8	—0.8	14	—5.7	—17.4	—22.4	—11.2	—6.3	3.4

資料來源：Johnson Matthey

表 5—5 ▸ **2008 年到 2017 年鈀的供應與需求（單位：公噸）**

	2008	2009	2010	2011	2012	2013	2014	2015	2016	2017
鈀供應	227.4	220.8	228.8	228.9	201.7	198.9	190.2	200.8	210.3	205.2
鈀需求	207.6	199.7	245.3	192.1	236.4	213.1	244	209.2	213.7	224.8
供應—需求	19.8	21.1	—16.5	36.8	—34.7	—14.2	—53.8	—8.4	—3.4	—19.6

資料來源：Johnson Matthey

由鉑／金的價格比可以看出全球景氣的變動（圖5—12），這是因為鉑在工業上用途較多，但金則較具避險性，且鉑產量較黃金少，所以價格通常高於黃金。當景氣好的時候，鉑因為工業用途比例較高，因此鉑價上漲較多、金價上漲較少，鉑／金比上升；而景氣衰退時，因為工業需求減低導致鉑價下跌，但是金價則因避險功能而上漲，因此鉑／金比下降。從1980年以來，鉑／金比約在0.7～2.4之間震盪，在2000年網路科技泡沫最高點及2008年上半年，因為景氣處於頂點，因此鉑／金比均達到2.3以上；而在1982年及2008年年底，當全球景氣最谷底的時候，鉑價甚至曾經低於黃金價格。目前（2018年4月）鉑／金比 <1，表示全球景氣復甦其實根基不穩。

而鉑／鈀的價格比也是一個頗具意義的經濟指標（圖5—13），這是由於兩者的用途近似，但鈀的市場較小、投機性較強、價格波動也較大，所以在股市最高點附近，鉑／鈀比往往較低；而股市最低點附近，鉑／鈀比往往較高。從1980年以來，鉑／鈀比約在0.6～6之間震盪（大部分時間鉑的價格高於鈀，也就是鉑／鈀比 >1），在股市最高點附近，鉑／鈀比常會因為過度投機而跌到1以下（例：2001年初與2017年12月至今），此時建議降低股票、工業金屬、高收益債等與全球景氣正相關資產的配置；而鉑／鈀比漲到4.8以上時（例：1982年底、1990年底、2009年初），股市氣氛可能過於冷清，此時可以增加股票、工業金屬、高收益債等與全球景氣正相關的資產配置。目前鉑／鈀比 <1，顯示投資者應該降低股票投資，這點也與目前CAPE（由諾貝爾獎得主—席特教授提出的本益比，請參考《掌握投資金律》一書）在歷史高點附近的意義相同。

圖 **5─12**▸**鉑價／金價比（1980 年 1 月到 2018 年 4 月）**

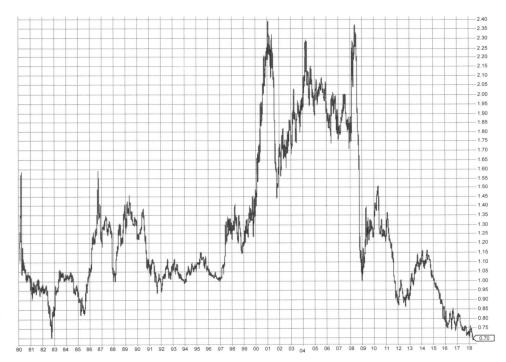

資料來源：http://stockcharts.com/

圖 5—13 ▸ 鉑價／鈀價比（1980 年 1 月到 2018 年 4 月）

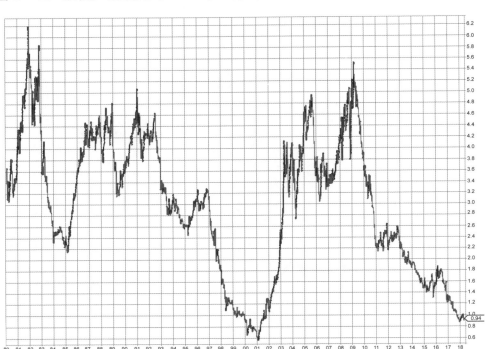

資料來源：http://stockcharts.com/

（三）產地極為集中，因此更容易受到產地特殊事件的影響

　　以鉑而言，2017 年有 75% 以上的產量由南非所生產，所以當 2008 年初南非缺電開始越來越嚴重，進而限制礦場的用電時，鉑價從 1 月 25 日的 1605 美元 / 盎司暴漲到 3 月 4 日的 2299 美元 / 盎司（至今這價位仍是鉑價的歷史最高點），50 天之內居然暴漲了 43.23%！而鈀的產量也有約一半集中在南非，且其市場較鉑更小，因此價格波動度更大，當鉑暴漲了 43.23% 的

時候，同時之間鈀居然上漲了 58.69%（從 368 美元暴漲到 584 美元）！因此鈀比鉑的波動更大（就像銀比金的波動更大），因此需要謹慎控管風險，也絕不可以套牢之後加碼，那極有可能是破產的開始！

　　由於鉑和鈀有相當的產量都是俄羅斯生產，因此俄羅斯有這兩個金屬的龐大儲備量，但確切數量多少，一直都是俄羅斯的國家機密。根據 HSBC 估計（Alan Williamson 2003：Russia PGM Stocks. Paper presented at the LBMA Precious Metals Conference 2003，Lisbon），至 2003 年，俄羅斯的白金儲備量可能已經即將耗盡（僅剩約 20 ～ 30 萬盎司），而鈀的庫存可能還剩下 1100 ～ 1200 萬盎司，因此未來俄羅斯若大量釋出庫存，將會是鈀價格的一大變數之一。

（四）無法規避經濟衰退的風險

　　由於鉑和鈀兩者都是工業用途較多的貴金屬，因此當經濟衰退、用量遽減的時候，鉑和鈀的價格就無法抵擋經濟衰退而會大跌。例如 2008 年（表 5—6），黃金上漲 5.55%、銀下跌 23.42%，但是鉑下跌 39%，而波動性較鉑更高的鈀，其價格甚至腰斬。因此萬一真的發生經濟成長減緩甚至衰退的情形，鉑和鈀的表現絕對不會太理想，但這兩者的賣出時間點可以稍落後於股票，例如全球股市在金融風暴錢的高峰是 2007 年 10 月，但鉑與鈀兩者的高點在 2008 年的 3 月初及 2 月底，這也是原物料與股市高點不同步的另一個證據。

表 5—6 ▶ **2008 年的貴金屬價格表現（表內括號的數字為日期，單位為美元）**

	2007 收盤	2008 收盤	2008 漲跌（%）	2008 最高	2008 最低
金	833.2	879.45	＋5.55	1032.35（3/17）	681.75（10/24）
銀	14.77	11.31	─23.42	21.31（3/17）	8.453（10/28）
鉑	1523.5	929.5	─38.96	2299（3/04）	752.5（10/27）
鈀	363.0	182.5	─49.72	584（2/29）	156（10/27）

鉑和鈀價格的主要驅動因子

（一）美元升貶值

這點與多數貴金屬相同，也就是美元貶值時，鉑與鈀價格傾向上漲；美元升值時，鉑與鈀價格傾向下跌。

（二）通貨膨脹（或實質利率高低）

這點和黃金相同，但鉑與鈀可能較金銀更早反轉（可能因為與景氣的相關性較大），誤差值約在一個月內。

（三）鉑和鈀的供應

已於前文詳述。

（四）鉑和鈀的需求

鉑和鈀都是在汽車工業和電子工業的用量較大，因此兩者都與汽車工業的循環有高度相關。當高油價帶動鉑和鈀的價格上漲時，最終會因為消費者減少車輛的購買而減少鉑和鈀的需求量，這點或許是鉑和鈀較黃金早下跌的原因。另外由於日本人的民族性較少使用黃金，而偏好使用鉑（不管是珠寶或投資、收藏），因此日本的鉑使用量就對鉑價非常重要，例如 2008 年上半年日本大舉買入鉑的 ETF，因此鉑價就暴漲。

（五）戰爭等其他意外因素

若是不影響供需的恐怖攻擊或戰爭，那麼鉑和鈀對於這類事件傾向於不反應；但若俄羅斯或南非發生內亂或生產受到干擾，那麼鉑和鈀因為產地集中在這兩國，所以價格反應會比金和銀劇烈。

鉑與鈀的價格簡史

鉑的價格在歷史上和黃金連動性頗高，1970 年代從 1972 年的 102 美元/盎司暴漲到 1980 年 1 月 1070 美元/盎司，漲幅雖大但卻遠較黃金少。而鉑的使用有個特色，就是日本向來是最大使用國，這不但是因為日本的汽車工業發達，有一部分原因是日本人的民族性偏好使用白金做為保值的工具。例如這幾年雖然黃金大多頭，然而日本卻因為國民淨賣出黃金（不論是投資或是首飾），全國的全國黃金使用量居然常是負的！由此可見日本民族性多麼偏好白金，而不喜歡黃金了。然而由於日本經濟長期不振，加上汽車工業

基地外移到中國，因此中國於 2001 年首次超越日本成為世界最大白金使用國。而鉑的價格也在 2001 年 10 月見底之後，於 2008 年 3 月漲到歷史高點的 2299 美元 / 盎司。這段時間暴漲的主要因素是因為自 1999 年以來，鉑有 9 年的時間供不應求，加上美元弱勢及原物料的整體強勢，鉑價自然易漲難跌，而 2008 年初更有南非缺電等利多因素推波助瀾，價格於是在 2008 年 3 月衝上歷史最高點的 2299 美元 / 盎司。

但是到了 2008 年下半年，因為金融風暴引起所有原物料大跌，鉑於是也在 2008 年 10 月創下 732.5 美元的低價，之後因為經濟復甦而上漲到 2011 年 8 月的 1912.2。之後因為美元升值，鉑價下跌到 2016 年 1 月的 809.5。2016 年 1 月開始，鉑價小幅上漲，目前價格約在 800 美元～ 900 美元間震盪。

大多數原物料價格的最低點都是在 1999 年到 2001 年創下的，但是鈀價為何卻在 2001 年 1 月創下高點呢？這要追溯到冷戰之後說起：冷戰在 1991 年結束之後，由於原物料一直處於低點，依賴原物料出口的俄羅斯政局因此也很不穩定。到了 1998 年，俄羅斯發生國家債務違約，因此俄羅斯亟思要盡快出口他們龐大的鉑和鈀庫存來填補國家財政缺口。

但由於俄羅斯對於這兩項金屬的出口都有配額限制，其過程又牽涉到央行、財政部、國營出口商、礦場等多個單位，因此大家都不願意讓對方出口鈀和鉑，以免壓低鈀的價格而影響自己的販售。這種「三個和尚沒水喝」的結果就是俄羅斯的鈀出口量大減，鈀的價格在 2001 年 1 月暴漲到 1095.5 美元的歷史高點，若從 1996 年 12 月開始的最低點 114.5 美元開始計算，足足暴漲了 856% 以上！

俄羅斯內鬥之後，由於鈀的生產與出口慢慢恢復正常，鈀價在 2003 年 4 月跌到 142.5 美元，之後展開一個長期多頭走勢，並且在 2018 年 1 月漲到 1139.62 美元的歷史高點。

鉑與鈀的未來展望

目前全球景氣正處於復甦的頂點，之後景氣與股市下滑的機會很大，而鉑與鈀因為受到工業用途的影響，在景氣下滑時容易受到波及，因此鉑與鈀的表現可能都會弱於黃金，而鈀在過去幾年的暴漲之後，目前可能盤頭完成正在下跌，請各位讀者特別注意。

鉑或鈀的投資工具

鉑和鈀的投資工具有以下數種：

（一）白金族礦業公司股票

目前並沒有專一投資鉑或鈀的股票型基金，但是有幾檔白金族礦業公司的股票可以注意：鉑的全世界主要生產商是南非的 Impala Platinum Holdings Limited（黑斑羚白金，美股代號：IMPUY）與 Anglo American Platinum（盎格魯美洲白金，美股代號：ANGPY），不過這兩間公司可能因產量下降與成本上升，近年股價呈現長期下跌趨勢，不建議買進（這也再次印證前文說到原物料價格與原物料公司股價可能長期脫鉤的看法）。至於鈀在全世界主要

的生產商是 Norilsk Nickel（諾里爾斯克鎳業，已改名為 Nornickel，美股代號：NILSY），該公司位在西伯利亞北方，是全世界第二大的鎳、第一大的鈀及第四大的鉑生產商。由於南非與俄羅斯都屬於政治較不穩定的國家，因此這幾檔股票建議小於總資產的 5%，避免受到意外風險造成大幅損害（例：2018年 4 月 9 日，美國制裁俄羅斯鋁業公司的 CEO，而該位 CEO 也是 Nornickel 的重要持股人，因此當天 Nornickel 就爆跌 17%）。

（二）實體鉑或鈀 ETF

2010 年 1 月 8 日，ETF securities 分別發行了鉑和鈀的實體儲備型 ETF，美國股市的交易代號分別為 PPLT（鉑）和 PALL（鈀）。持有 PPLT 或 PALL 一股約等於 0.1 盎司的鉑或鈀，因此運作模式和台銀的黃金存摺極為類似，也沒有期貨型 ETF 的轉倉問題，非常適合做為這兩種貴金屬的投資工具。

（三）鉑或鈀的期貨

有槓桿風險，所以並不適合初學者操作。

（四）實體鉑或鈀

鉑或鈀的條塊或硬幣在台灣極難買到，而且要確認純度、重量、保管和出售管道，因此並不是很建議台灣的投資人投資實體鉑或鈀。當然如果國外有可信的管道，且個人資產規模夠大，那麼投資實體鉑或鈀是可行的，只是仍需注意兩者價格趨勢的變化。

工業金屬小檔案　▶工業金屬：人類文明的基石

英文	industrial metal、base metal（或譯為卑金屬、基本金屬）
主要種類	銅（Copper，Cu）、鋁（Aluminum，Al）、鉛（Lead，Pb）、鋅（Zinc，Zn）、鎳（Nickel，Ni）、錫（Tin，Sn）
主要用途	各式器物製作、建築、電線、工業用途
銅最大生產國（2016 年）*	智利 > 中國 > 秘魯 > 美國 > 剛果民主共和國
銅最大使用國（2015 年）*	中國 > 美國 > 日本

* 資料來源：美國地質調查所（USGS）、World Bureau of Metal Statistics

工業金屬的基本性質

　　工業金屬包括以下幾種元素：銅（Cu）、鋁（Al）、鉛（Pb）、鋅（Zn）、鎳（Ni）、錫（Sn），每一種都有不同的用途。由於工業金屬在進行建築活動、資本支出與製造存貨的過程中都相當重要，因此是原物料諸多類群中和景氣循環的關聯性最大的種類。所以若想投資工業金屬，對於景氣循環的了解要比其他原物料種類更為深入。由於我對未來景氣的看法較不樂觀，而且工業金屬彼此之間的價格相關性很高，因此本節將對工業金屬只做簡要的敘述，畢竟未來要獲利主要還是在於其他三個種類的原物料上。

　　目前最重要的工業金屬可說是銅（圖 5—14，見 P.127），雖然銅以前的功用主要是在鑄造青銅器和貨幣，然而近代社會的電氣化卻提供了銅一個完全不同的用途—電子和電機設備，也因為現代社會的高度電氣化，因此銅的

需求和景氣成長的關係非常密切。

鋁器雖然強度較鐵器為差，但質輕且不易生鏽（正確說法應該是生鏽之後，鋁器內部不容易繼續鏽蝕），主要用途是營建、食品包裝與建築材料，由於鋁是回收比率最高的金屬（僅次於鉛），且食品包裝算是剛性需求，因此鋁價較少受到意外事件的影響。

鉛有毒為眾所皆知，所以在車輛的蓄電池（或稱電瓶）之外的用途都已經逐步被淘汰，因此鉛與汽車工業有高度的相關性。

鋅、鎳主要是在製造特殊鋼種，因此和房地產及資本支出循環有較大的關係。

工業金屬價格的主要驅動因子

（一）美元升貶值

工業金屬受到美元貶值的影響較不明顯（至少相對於貴金屬來說），主要受到實質供需的推動。另外由於澳洲是許多工業金屬生產的大國，因此澳幣匯率與工業金屬價格有高度正相關性。

（二）通貨膨脹（或實質利率高低）

這點和黃金相同，也就是通膨上漲或實質利率下降，則工業金屬價格傾向上漲；通膨下降或實質利率上漲，則工業金屬價格傾向下跌。

（三）供應

　　工業金屬的開採與能源、貴金屬一樣都需要較多年才能夠有足夠的產能，價格也才會降低。而主要供應國的氣候或地緣政治問題常會影響到工業金屬的供應，這點在表 2—2 與 2—3 中有詳細的說明。

（四）需求

　　景氣興衰深深影響到工業金屬的需求（表 5—1），就 2000 年到 2008 年的上次原物料暴漲時期來看，景氣復甦的第一年（2003）工業金屬表現最好，2004 年到 2006 年表現也不錯，然而 2007 年雖然景氣剛走下坡（道瓊工業指數於 2017 年 10 月見頂），但工業金屬表現就變得很差。因此我們可以說工業金屬主要在景氣成長期的前、中段表現較好。

（五）戰爭或股市崩盤等其他意外因素

　　股市崩盤或發生大規模戰爭（除非發生在產區），一般來說對於工業金屬都是不利的，這也是 2000 年 2 月到 2003 年 3 月的股市下跌期間，工業金屬表現較差的原因。不過，不同的工業金屬與股市的見頂時間不同，請參考表 5—7。

表 5—7 ▸ **2006 年到 2008 年工業金屬見頂的時間**

種類	2006 年到 2008 年最高點時間	價格高點與股市高點比較 *
銅	2008 年 7 月	落後指標
鋁	2008 年 7 月	落後指標
鉛	2007 年 10 月	同步指標
鋅	2007 年 5 月	領先指標
鎳	2006 年 11 月	領先指標
錫	2008 年 5 月	落後指標

*：道瓊工業指數與上証指數當時皆於 2007 年 10 月見頂。領先指標代表比股市早見頂，以此類推。

工業金屬的季節性

工業金屬由於牽涉到工業和建築業的使用，而歐美國家在冬天常因為氣溫過冷，水泥太快凝固而停止建築活動。因此工業金屬在每年的 10 ～ 12 月常會有一個價格低峰期，過了 12 月之後，由於市場開始反應春季的開工需求，因此價格又會向上攀升，多數工業金屬在每年 2 ～ 4 月通常價格較高，夏秋時較易下跌。當然所有的季節性都不是 100% 的，不可以照本宣科以免招受損失。

工業金屬的價格簡史

銅自 1970 年以來的價格，請見圖 5—14。

圖 5—14 ▶ 1970 年 1 月到 2018 年 4 月銅價（周線圖）

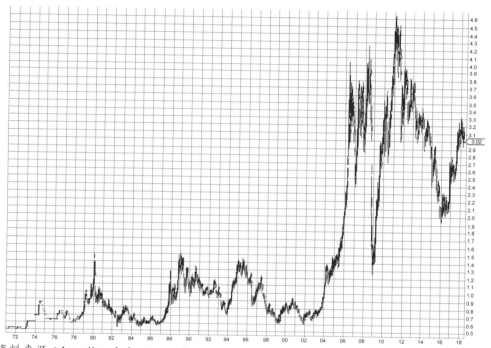

資料來源：http://stockcharts.com/

工業金屬的未來展望

　　整體來說，我對原物料類群中最不樂觀就是工業金屬，這是因為目前全球股市與景氣已經處於高峰附近，兩者未來下滑的機率都很高，因此在此不建議讀者投資工業金屬相關的標的。當然，雖然不投資工業金屬，但工業金屬價格也是個重要的經濟指標，所以了解工業金屬價格走勢（尤其是銅價）仍然是必要的。

工業金屬的投資工具

（一）礦業公司股票或股票型 ETF

有許多礦業公司開採工業金屬的礦藏，列表整理如下。

表 5—8 ▸ 世界上開採工業金屬的主要公司（以在美國上市的公司為主）

公司名稱	美股交易代號	主要開採種類
必和必拓（BHP Billiton）	BHP、BBL	鐵礦砂、煤、銅、石油
力拓（Rio Tinto Group）	RIO	鐵礦砂、煤、銅、鋁、鑽石
淡水河谷（Vale）	VALE	鐵礦砂、煤、銅、鎳、錳
Freeport-McMoRan	FCX	銅
Southern Copper Corporation	SCCO	銅
諾里爾斯克鎳業（Nornickel）	NILSY	鎳、鈀、鉑
盧丁礦業（Lundin Mining）	LUNMF	銅、鋅、鎳

（二）工業金屬 ETF

目前若要投資工業金屬，主要以 iPath 發行的 ETN 為主，請見表 5—9。

表 5—9 ▸ **工業金屬的投資工具**

種類	發行公司	美股交易代號
銅	iPath	JJCB
鋁	iPath	JJUB
鉛	iPath	LD
鋅	X	無投資標的
鎳	iPath	BJJN
錫	iPath	JJTB

（三）工業金屬的期貨

有槓桿風險，所以並不適合初學者操作。

（四）實體工業金屬

工業金屬多半單價較低，因此屯積實體工業金屬需要較大的空間，在經濟效益上較不划算。然而，若家裡有空間且在工業金屬價格上漲時期，家庭使用之後廢棄的鋁罐、鐵罐可以屯積起來，在價格較高時賣出，也不失為一筆小收入。

二、能源：人類的動力之母

能源的基本性質

貴金屬或許金光閃耀、炫麗奪目，然而若沒有能源提供我們動力來發動機械或點亮電燈，那麼現代文明的一切都將不復存在。話說十八世紀當工業革命從英國開始時，全世界的主要能源是煤礦，後來因為英國的邱吉爾首相在海軍大臣任內，大力推展石油做為英國軍艦的主要能源，且績效卓越，因此全世界才逐漸開始改用石油做為主要能源。時至今日雖然各式各樣的替代能源推陳出新，然而由於成本效益及各種使用限制，始終無法有效取代石油的地位。

在美國交易的能源期貨種類很多，有西德州中級原油期貨（WTI，或稱輕原油）、熱燃油期貨（heating oil future）、RBOB 汽油期貨、天然氣期貨，而在洲際交易所（ICE）還有交易布蘭特原油期貨（Brent crude oil future）。由於熱燃油期貨、RBOB 汽油期貨及布蘭特原油期貨都與西德州中級原油期貨的走勢極為相近（當然不是 100% 相同），因此在本節之中只介紹原油和天然氣，另外會有一個專門章節解說「替代能源」（或稱清潔能源、綠色能源）的部分。

石油的價格通常在景氣復甦的第一年及景氣成長至頂峰後一年表現最好，至於天然氣則跟當年冬季氣溫相關度較大。

原油小檔案 ▶原油：工業之母

英文	Crude oil
主要用途	能源、化工原料（塑膠和眾多產品）
季節性	7〜3 月最強勢、4〜5 月最弱勢
1965〜1982 年最高點	1981 年 12 月＝40 美元/桶
1970 年代多頭之後的最低點	1986 年 4 月＝9.75 美元/桶
最大生產國（2017）*	俄羅斯＞沙烏地阿拉伯＞美國＞伊拉克＞伊朗
最大使用國（2015）*	美國＞中國＞印度＞日本＞俄羅斯
最大出口國（2016）*	沙烏地阿拉伯＞俄羅斯＞伊拉克＞加拿大＞阿拉伯聯合大公國
最大進口國（2016）*	中國＞美國＞印度＞日本＞南韓

* 資料來源：EIA。生產量只包含原油與 Lease Condensate（又稱 Natural-gas condensate）。

　　自從人類大量改用原油做為動力的主要來源之後，石油的供應和價格就一直占據人類經濟中的核心地位。很多人以為石油只是個動力來源，其實石油也是個重要的化工原料，我們身邊的塑膠、清潔劑、農藥等許多化工產品都是用石油生產的，因此**石油價格若連番飆漲，**等於經濟體患了高血壓，**還能安康多久？**這也是 2008 股票崩盤的原因之一（另一個原因是房地產價格下跌造成金融機構呆帳大增）。因此，請隨時注意原油的價格！

圖 5—15 ▶ **1983 年 3 月到 2018 年 5 月油價（WTI，月線圖）**

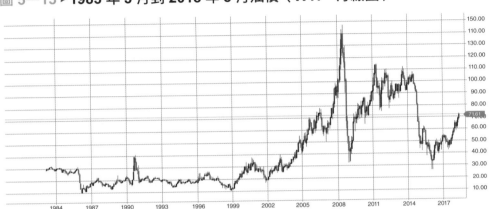

資料來源：https://www.tradingview.com/chart/

原油的基本性質

（一）原油有很多不同的等級

原油根據含硫量及比重，可以分成很多等級。通常含硫量低且比重較低的原油，在精煉程序上較為簡單，所以較為搶手，價格也較高。以世界上最常交易的兩種原油—布蘭特原油（Brent crude oil）和西德州中級原油（West Texas Intermediate crude oil，簡稱 WTI）來說，布蘭特原油比重較重，因此通常價格較低，而西德州中級原油則比重較低。**因此當正常的交易狀況時，西德州中級原油價格通常會高於布蘭特原油，但近年因美國頁岩油產量大增，使得美國國內原油供過於求的現象比國際嚴重，因此布蘭特原油價格目前在多數時間高於西德州中級原油。**以芝加哥期貨交易所的成交量來說，布蘭特原油的成交量在近幾年才超過 WTI，因此本文若無特殊說明，則以 WTI 為主。

（二）備用產能（spare production capacity 或 surplus production capacity）對油價非常關鍵

備用產能就是油井已經挖好，也有實際生產過但之後封井定期保養設備的產能，這些產能可在意外事件或其他油田設備維修時迅速重啟。簡單來說，備用產能就是原油的多餘產能，因此備用產能等於是高油價的潤滑劑，可以阻止油價繼續上漲。而目前全世界的備用產能已經減少至不到總產能的 2.5%（EIA 估計 2018 第一季約 191 萬桶／日），仍然相當緊俏，這和 1985 年全世界每天有 1000 桶的備用產能真是天壤之別；而且目前備用產能幾乎都在 OPEC 成員國（石油輸出國組織，※註一），也就是全球石油供應的風險非常集中。

圖 5—16 ▸ **OPEC 備用產能（百萬桶／日）與 WTI（經 GDP 調整的實質價格），請特別注意 2003 年到 2008 年的備用產能低落導致油價大漲**

資料來源：EIA

※ 註一：
OPEC 為 Organization of the Petroleum Exporting Countries 的簡稱，台灣稱為「石油輸出國組織」，中國稱為「歐佩克」或「油國組織」。目前（2018 年 8 月）員國有中東的伊朗、伊拉克、沙烏地阿拉伯、科威特、卡達、阿拉伯聯合大公國，非洲的阿爾及利亞、利比亞、奈及利亞、赤道幾內亞、加彭、安哥拉，南美洲的委內瑞拉和厄瓜多，共 14 國。

圖 5—17 ▸ 全世界石油供需（2001 年第一季到 2018 年第一季，
單位：百萬桶 / 日）

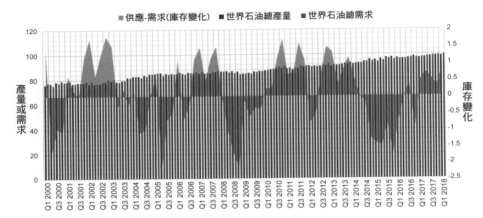

■ 供應-需求(庫存變化)　■ 世界石油總產量　■ 世界石油總需求

資料來源：EIA

（三）油價高點落後於股市及黃金

以 2003 年到 2008 年的這波全球經濟成長期而言，全球股市在 2007 年
10 月見頂，黃金於 2008 年 3 月見頂，但原油價格卻到 2008 年 7 月才見頂，
因此投資石油，可以緩和黃金及股市的價格走勢波動性，有效減低整體資產
的波動。當然，仍然需要考量供需狀況之後才能推論未來油價的走勢，而不
能一昧的引用「原油價格高點落後股市與黃金」這個原則。

（四）中東的地緣政治風險為影響油價的最重要意外因素

全世界石油的產量約 1/3 集中在中東、45% 集中在 OPEC，而且隨著這
幾年用油量越來越多，世界非 OPEC 的成員國的備用產能已經縮減到幾乎為
0，因此全世界的石油備用產能主要都集中在中東國家，尤其是沙烏地阿拉伯

一國。這種「石油幾乎集中在一個桶子裡面」的現況,以投資學的術語來講就是「風險集中」、「雞蛋都放在一個籃子裡」,就是近年油價常常容易受到微小事件的影響而大幅波動的原因。

(五)頁岩油(Shale oil)簡介

頁岩油是存在頁岩縫隙之中的原油,這和油頁岩(Oil shale)是不同的,前者是頁岩層的縫隙中含有石油,後者是頁岩顆粒吸附石油,而最近幾年讓美國產量大增的是頁岩油,並非油頁岩。由於頁岩是顆粒最細緻的沉積岩,因此毛細管作用造成原油與頁岩顆粒吸附力太強,所以雖然美國早在數十年前已經發現這些頁岩油田,但因為技術問題而遲遲無法開採。直到 1998 年,才開始用水力壓裂(Hydraulic fracturing 或 hydrofracking)結合水平鑽井技術進行頁岩油的開發,到了近幾年因為更多技術的進步,美國頁岩油氣的產量才突飛猛進。不過頁岩油的開採仍然有幾個問題,敘述如下:

A. 油井衰退速度快:

水力壓裂法採取的是用水柱擊破地層的方式開採油氣,這種方法類似打破瓶子取水的方法,因此通常一年內特定油井的產量衰退速度皆大於 20%,也就是頁岩油廠商需要一直鑽新井才能維持營運。相對之下,傳統的鑽井開採方式,油井產量的衰退速率約每年 4 ~ 8%。

B. 環保問題:

水力壓裂的開採過程並非在地層中只注入水,而是會有一些加速岩層分

解的化學物質，這些物質由於屬於商業機密，因此是否會汙染水源仍不得而知。另外由於對地層的破壞會造成氣體滲漏（甚至有天然氣滲入家庭自來水管線的紀錄）及地震問題也為人所詬病。

C. 成本高

目前頁岩油的生產成本還是遠高於多數傳統鑽井法，大致上仍高於每桶40美元。

原油價格的主要驅動因子

（一）美元升貶值

這點也和大多數原物料相同，不過原油有個最生動的例子：第一次石油危機。1973年發生的第一次石油危機，主要原因除了美國在1970年代初期石油生產見頂，因此越來越依賴進口石油，另一個原因就是美元在1971年開始貶值，石油輸出國組織的會員國賣石油換得的美元，購買力越來越低，因此就在1973年展開憤怒的反擊。當然這是較極端的狀況，美元貶值造成原物料價格上漲的原因，主要是生產者可能會因為收到貶值的美元，因此沒有多餘的資金進行擴大生產，因此原物料產量縮減而造成價格上漲。

（二）通貨膨脹（或實質利率高低）

這點也與大多數原物料相同。

（三）原油的供應

　　傳統的原油開採十分費時費力，因為從探勘到實際開採的過程可能受到地理環境、政治、基礎建設、環保、地區民眾抗議等問題所干擾，因此高油價往往無法立即刺激原油產量增加，這就是原油一次多頭往往上漲數年才結束的主因。雖然目前頁岩油從探勘到量產的生產間隔已經縮短為 4～6 個月，但目前全球多數原油仍然以傳統方式開採，因此石油供應變化導致長期的價格循環仍然是存在的。

　　而原油產地最集中的中東地區是全世界政治最動盪不安的地區，因此原油供應常受到此地政治事件的重大干擾，歷史上多次石油危機（表 1—2）都是這些地區的產量突然下降所引起的，而如果中東危機遇到當時全球備用產能處於低點，油價會漲得更高且更久，例如第一次與第二次石油危機時，油價上漲幅度和時間就比第三次石油危機時油價更高且更久，就是因為第一次與第二次石油危機時的備用產能遠低於第三次石油危機。

　　美國的頁岩油無疑是這幾年左右全球原油價格的一個重要因素，除了直接觀察美國的產量之外，若布蘭特與 WTI 價差擴大（正常而言，布蘭特原油不應超過 WTI 多於 6 元），那麼就可以推論美國產量增加。

（四）原油的需求

　　原油的需求主要和經濟成長呈現正相關，然而兩者並不完全同步。通常在衰退初期之後，原油的需求才會開始下降。這原因是因為全球建築業使用相當多的能源，而建築活動往往在景氣過成長高峰之後還會持續成長一段時間，因此此時原油的需求量才會下降。

（五）戰爭或股市崩盤等其他意外因素

與黃金不同的是，股市崩盤通常對於油價是負面影響居多，這是因為石油的需求會減少，因此油價當然會下跌。但是由於油價高點常晚於股市高點，所以在股市的初跌段，油價仍可能上漲。

原油的季節性

在冬季的時候，由於歐美等主要工業國都有熱燃油的需求，因此原油的價格通常較高，但是若當年冬季氣溫比預期的高很多，則油價就不會有太好的表現。到了第二季中前段（4～5月），由於夏季開車出遊的需求尚未到來，加上此時氣溫已經回暖，因此熱燃油的需求消失，但此時汽油的需求尚未大量增加，油價因此處於低檔。到了6月，由於煉油廠開始趕工準備應付6～9月駕車出遊旺季的需求，因此油價通常會開始上漲。10月時則常會有另一個較短暫的低峰期出現，因為夏季出遊的需求已經降低，但熱燃油需求尚未大量出現。因此整體而言，油價第一季與第二季交界、第三季與第四季交界時，價格較易出現低點。

原油的價格簡史

同盟國（美、英、法、中、俄）在第二次世界大戰勝利的根本原因，除了美國強大的生產力之外，當時美國占全世界石油產量約 2/3 也是居功厥偉，這也是現在石油仍用美元計價的主因之一。另外，著名的珍珠港事變起因也是石油：日本在九一八事變後，大舉入侵中國，然而日本在中國各種燒殺擄

掠引起美國的反感，因此美國禁止出口石油到日本，缺乏石油的日本本來只是想在珍珠港給美國一個教訓，逼迫美國開放石油出口，結果沒想到卻惹火了美國，引發美國對日宣戰。而美國雖然在太平洋戰爭初期屢戰屢敗，但憑藉著龐大的石油產量與工業實力，最終還是將日本擊敗。

二戰結束後，第二次世界大戰末期大量增產的石油此時開始流入市面，供過於求導致油價一直維持在低檔，很多能源公司不願意增加新產能甚至破產倒閉，石油的備用產能逐漸減少。

到了 1956 年，殼牌公司一個名叫哈伯特（King Hubbert）的地質學家，預測美國的石油產量在 1970 年代初期就會開始從頂峰下降，當時大家都以為他瘋了，因為美國在過去的一百年都是世界石油的最大產國！沒想到，事後證實他的計算完全正確（直到近年，美國油產才超越 1970 年代初期），也開啟了 1970 年代油價的「輝煌歲月」。1970 年代油價的大多頭，總共爆發了兩次石油「危機」：1973 年的第四次中東戰爭造成的第一次石油危機，1979 年到 1980 年伊朗伊斯蘭教革命和兩伊戰爭造成第二次石油危機。油價從 1970 年代初期的每桶不到 2 美元，上漲到 1981 年的每桶近 40 美元，12年之內漲了 20 多倍，造成經濟衰退、通膨高漲、債券及股票市場暴跌。實際上，正是因為 1950～60 年代的長期低價，造成廠商放棄增產，石油的備用產能嚴重不足，才會釀成所謂的兩次「石油危機」。

到了 1985 年，因為前幾年的高油價吸引廠商大量增產（且產能已經可以量產），以及煤、天然氣、核能等能源的使用，使得石油的備用產能大幅增加，油價開始暴跌，到了 1986 年暴跌到近 10 美元（圖 5—15）。**油價在 1986 年**

到 **1998** 年這段近十多年的歲月中，除了 **1990** 年的波斯灣戰爭有個短命的上漲之外，油價從未超過每桶**35**美元，世人早已覺得便宜的石油是天生的權利。可見「油價（或原物料）長期而言都會上漲」和「股票長期而言都會上漲」，都要看現在是什麼時代而定！

　　1998 年，油價因為亞洲金融風暴而最後一次跌到 10 美元的價位，之後一路上漲到 37 美元（2000 年 10 月）左右，這段漲勢也擠破了 2000 年的網路科技泡沫，當美國股市於 2000 年 3 月開始空頭走勢之後，而油價也在當年10 月見頂（細心的讀者應該有注意油價比股市晚見頂），之後下跌到 17.12美元／桶（2001 年 11 月）。但是之後油價上漲幅度更猛，到了 2004 年 9 月第一次突破 50 美元的關卡，2005 年 8 月的卡崔納颶風更讓油價突破了 70 美元的關卡。2007 年 1 月，油價雖然短暫回檔至接近 50 美元，但之後就快速上漲，2008 年元旦過了幾天，就攻破 100 美元的重要關卡，替當年股市的下跌再多了一筆「助力」。2008 年 7 月 11 日，當時全世界備用產能降到需求量的 1.5% 以下，市場因為懼怕颶風摧毀了全世界所剩無幾的備用產能及暑假出遊旺季的到來，油價飆到歷史高點—147.27 美元／桶。但次級房貸泡沫與高油價讓經濟陷入衰退，油價快速的下跌，在 2009 年 1 月 15 日下跌到33.22 美元的波段低點，半年內左右跌幅高達 77.44％！但此時也是買進能源相關投資的大好良機，我當時就在原油一直無法跌破 30 元而開始反彈時買進UGA（美國汽油 ETF），第一筆買進時相當於油價在 45 美元，之後陸續加碼，在 2013 年 7 月到 2014 年 2 月之間分批賣出，獲利高達 74.1％。

　　2010 年底，突尼西亞一位水果販因為抗議警察取締而自殺，他的死引

爆了「阿拉伯之春」，沒多久中東局勢就一片混亂，其中又以利比亞的動亂影響更嚴重：利比亞在事件爆發前每日生產約 165 萬桶原油，事件爆發之後甚至一度產量降到 0，因此油價快速上漲，到了 2011 年 5 月達到 114.81 美元。在此同時，美國頁岩油產量也越來越大，油價在 75 ～ 115 美元之間盤整到 2014 年 6 月，美國頁岩油產量終於壓垮了油價，2016 年 2 月油價下跌到 26.06 的低點。

2016 年 2 月開始，因為全球經濟繼續復甦與美元貶值，油價開始上漲，目前約在 70 ～ 80 美元之間。

原油的未來展望

原油價格在 2018 上半年表現頗為強勢，但由於美國頁岩油的快速增產能力，因此若無特殊的地緣政治事件，原油在 2018 下半年可能表現不會很好。建議已持有原油相關投資的讀者可以分批賣出，未持有者場邊觀望即可。

原油的投資工具

追蹤原油價格最直接的投資工具就是原油期貨，然而這並不適合初學者操作。USO（United States Oil Fund，美國石油基金）、BNO（United States Brent Oil Fund）、UGA（United States Gasoline Fund，美國汽油基金）這三檔期貨型 ETF[※註二]比較適合一般投資人投資，但這三檔 ETF 在期貨轉倉時會損失價值，因此不建議持有超過一年半。而元大發行的元石油 ETF（台股

※ 註二：
USO（United States Oil Fund，美國石油基金）、BNO（United States Brent Oil Fund）、UGA（United States Gasoline Fund，美國汽油基金）這三檔投資工具的名字雖然都有 Fund，但其實是 ETF。

代號：00642U）也是期貨型 ETF，因為在台股上市所以也會受到台幣匯率的影響。

至於眾多能源基金，於 Part4 已經說過，並不能完全追蹤原油期貨的價格走勢。一定會發生的狀況是：原油在末升段暴漲可能會暴漲 50%，但該基金可能只漲 20%，這樣這些基金就變成雞肋了，聰明的投資人，難道你想看到這樣的狀況發生在你的投資上嗎？

雖然如此，在美股帳戶自行買進能源類股也是一個可行的投資方法，因為有少數個股和油價的連動性仍然相當高，且目前能源股普遍具有高配息的優勢，就算油價（或股價）漲幅不大，能坐收利息也不錯。投資能源股除了研究該檔股票在近幾年與油價高低點的相關性之外，還可以從石油產業中的不同類群中尋找獲利機會，以下分別簡介不同類群的石油產業公司：

（一）大型石油公司

這些石油公司是資本額大於 100 億美元的公司，它們是油價上漲初期和中期的受益者，然而在油價末升段，這些公司的股票傾向於盤整甚至下跌。由於這些石油公司不僅從事原油開採，也有龐大的煉油事業，因此當油價末升段時，這些石油公司的煉油部門因為越來越難轉嫁成本給消費者（或是消費者開始減少消費量），公司的獲利反而有可能受到壓縮，股價表現就不會很好。世界上主要的大型石油公司有艾克森美孚（Exxon Mobil，美股交易代號：XOM）、英國石油（British Petroleum，美股交易代號：BP）、雪弗龍石油（Chevron，美股交易代號：CVX）、皇家殼牌石油（Royal Dutch

Shell，美股交易代號：RDS/A）、法國的道達爾石油（Total，美股交易代號：TOT）、盧克石油（Lukoil，美股交易代號：LUKOY）、巴西石油（Petróleo Brasileiro，美股交易代號：PBR）。

由於上述股票都有在美國和其母國上市，因此相對於母國的股價而言，這些在美國上市的股票具有匯率風險，例如巴西石油在巴西交易的股價就算當天沒有上漲，但若巴西幣對美元上漲，那麼在美國交易的巴西石油股價就會上漲；反之，若巴西幣下跌，那麼在美國交易的巴西石油股價就會下跌。

（二）中小型石油公司

我個人把資本額小於 100 億美元的石油公司都列為這一類。中小型石油公司在油價末升段時，較能夠跟上油價的漲勢而不至於有太大的脫鉤現象，且在發現中小型油田時，這類公司因為資產規模較小，因此中小型油田的發現對公司的資產助益比例遠較大型石油公司大。然而在油價下跌時，由於公司較易資金周轉不靈，因此可能也有較大的下跌幅度。比較有名的公司加拿大的桑可能源（Suncor Energy，美股交易代號：SU，全世界最大的油砂公司）、挪威的國家石油公司 （Equinor ASA，美股交易代號：EQNR；2018 之前舊稱 Statoil，舊的美股交易代號：STO）、戴文能源（Devon Energy，美股交易代號：DVN）。

（三）石油服務業（Oil Service）

石油服務業的類別很廣，最主要的石油服務業是鑽探公司，它們提供震測、現場鑽探、鑽油平台的建造、租賃及後續的操作和維修種種服務。關於

鑽探業的基本性質如下：當油價剛開始上漲時，大型石油公司以現有油井生產最划算，因為油價可能再度下跌，因此此時石油服務業的營收仍然不見起色；但是當油價暴漲到一定程度以後，大型石油公司就會聘請鑽探公司大量進行新油田的探勘，因此鑽探公司營收就會大增。由以上敘述可知，石油鑽探業在油價上漲的中後段才會有好表現，整體而言是個大起大落的行業，坦白講就是投機性質很高。

最主要的石油服務和鑽探公司有以下幾家：許倫伯格（Schlumberger，美股交易代號：SLB）、泛洋鑽探（Transocean，美股交易代號：RIG）、諾貝爾（Noble，美股交易代號：NE）、納伯斯（Nabros，美股交易代號：NBR），其中以許倫伯格的市值最大也最重要，而泛洋鑽探則是全世界主要的深海鑽探業者，諾貝爾主要是負責淺海鑽探，納伯斯主要是陸上的鑽探業。

（四）非傳統油氣技術產業

傳統的石油生產就是鑽井開採石油，然而，現在已經越來越難找到大型的油田，因此一些非傳統的油氣生產技術就越來越受到重視。這幾年較為成熟的技術有：油砂（oil sand）、天然氣合成油（GTL，gas turn liquid）、頁岩油（shale oil）開採。油砂是一種吸附過瀝青的沙子，其開採在加拿大亞伯達省十分盛行，前文提過的加拿大桑可能源就是全世界最大的油砂公司。天然氣合成油則是將天然氣或煤經過化學加工，製成柴油類的燃料，全世界天然氣合成油技術的領導者公司是南非的沙索 Sasol 公司（美股交易代號：SSL）。至於頁岩油則是讓這幾年美國產量大增的新技術，很多石油公司已經普遍採用這種技術開採。以這三者目前的生產成本來說，都「只有」40 美

元左右（別忘了 1986 年到 2000 年油價從沒高於 45 美元過！），已經比現行油價便宜，因此這些公司都是值得投資的對象。

天然氣小檔案 ▶ 天然氣：未來的燃料

英文	Nature gas
主要用途	能源、化工原料
季節性	11 ～ 3 月最強勢，4 ～ 5、8 ～ 9 月最弱勢
最大生產國（2015）*	美國 > 俄羅斯 > 伊朗 > 卡達 > 加拿大
最大使用國（2015）*	美國 > 俄羅斯 > 中國 > 伊朗 > 日本
最大出口國（2015）*	俄羅斯 > 卡達 > 挪威 > 加拿大 > 荷蘭
最大進口國（2015）*	日本 > 德國 > 美國 > 中國 > 義大利

＊資料來源：EIA

　　天然氣也是化石燃料的成員之一，通常成分是甲烷和乙烷。以產生同樣的熱量來計算，天然氣燃燒時的二氧化碳排出較小，約為汽油的 2/3、煤的 1/2，且天然氣由於雜質較少，因此燃燒之後的懸浮微粒、二氧化硫和氮氧化合物的排放微乎其微，因此在環保的壓力之下，未來大量使用天然氣一定是大勢所趨。

　　然而，近幾年來美國因為非傳統天然氣生產技術的進步，使得天然氣產量大增，進而使天然氣在 2008 年之後表現不佳，敬陪原物料的末座。未來天然氣的價格會如何發展呢？請見下文的分析！

圖 5—18 ▶ **1990 年 4 月到 2018 年 5 月天然氣價格（月線圖）**

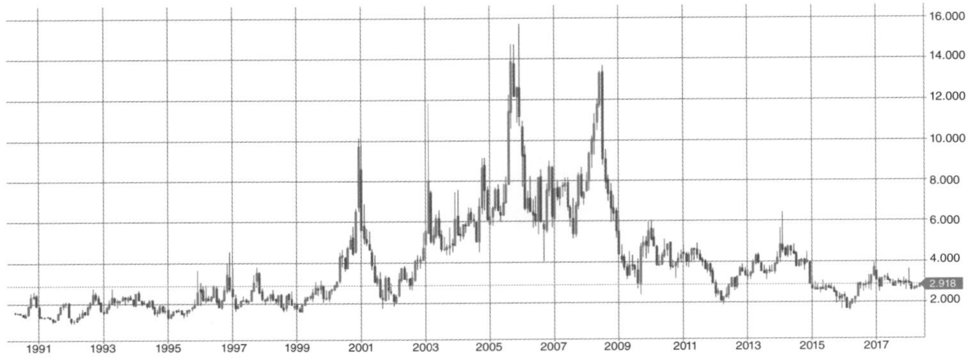

資料來源：https://www.tradingview.com/chart/

天然氣的基本性質

（一）天然氣的懸浮微粒與二氧化碳排放較煤少

　　化石燃料最常被詬病的問題就是：燃燒時會產生大量的溫室氣體及汙染物，例如煤就是最髒的石化燃料，燃燒時不僅排放大量溫室氣體而且產生大量煤灰，常常造成發電廠周圍民眾的不便。石油雖然溫室氣體排放較煤少，不過仍然比天然氣排放量要多了一半。因此在全球節能減碳與降低空汙的風潮之下，天然氣未來用量大增是可以期待的。

（二）天然氣運輸不易，每個區域定價差異頗大

　　石油只要簡單的注入油輪或油罐車之中即可運輸，而天然氣因為是氣體，

除了在陸上以管道運輸之外，如果要跨海運輸，需要先在特殊的加壓站加壓冷卻成液體，之後注入特殊的天然氣輪（LNG carrier）之中才能運送，而這些過程都有天然氣溢出甚至爆炸的可能性（雖然這類事件比空難還少發生）。因此天然氣的運輸困難，造成全世界各地天然氣價格很難一致，也就是說天然氣的「市場並不是平的」。

（三）天然氣是波動最大的原物料之一

由於天然氣主要用途是冬季取暖及發電用，因在冬季到夏季的庫存量差異頗大，加上它難以運輸的特性，因此容易造成地區性的供應短缺或過剩，價格的波動度也因此被放大很多（圖 5—18）。所以天然氣可以說是原物料中波動最大的商品之一，一個星期內漲跌 5% 以上是常見的狀況，也因此天然氣建議低於總資產的 5%，且盡量採取短線策略，避免因為價格大幅波動而損失慘重。

天然氣價格的主要驅動因子

（一）美元升貶值

由於天然氣難以運輸，因此美元的升貶值對於天然氣的影響較小。美元貶值的主要影響是透過和石油的價格比例來傳導到天然氣價格上的。

（二）通貨膨脹（或實質利率高低）

這點對於天然氣的影響也比較小。

（三）天然氣的供應

天然氣難以跨海運輸，因此美國的天然氣期貨的供應主要來源只有美加兩國，而近幾年來因為美國的頁岩氣產量大增，造成天然氣價格低迷。

（四）天然氣的需求

天然氣的需求主要有幾方面：發電、工業用（例如肥料製造）、家庭取暖及烹調。而近幾年全球對於空氣汙染的重視，未來對於節能減碳、降低空汗的要求將日趨嚴格，這點也可能是天然氣的潛在利多。

（五）與原油價格的比例

由於天然氣和石油基本上都是烷類碳氫化合物，因此不論在化學工業上或者做為燃料上都可以互相取代（當然中間的轉換要經過多少成本那又是另一個問題），也就是說當油價高漲但天然氣價格漲幅較小，天然氣合成油技術（將天然氣合成成柴油的技術，英文為 gas turn liquid，簡稱 GTL）就可能有非常大的獲利空間，殼牌公司就開始在天然氣產量豐富的卡達設廠，將天然氣轉化為柴油供車輛使用。

天然氣的價格簡史

美國的紐約商業期貨交易所一直到 1990 年才推出天然氣期貨合約。在 2000 年之前，天然氣價格一直在 1 ～ 3 美元之間盤整，偶爾才會因為冬季氣溫過而飆漲超過 3 美元，這原因當然是因為天然氣產量太過充足，因此若非氣溫過冷導致取暖需求大增，價格總是在低檔震盪。但是 2000 年開始，

2001 初、2003 初、2005 年底、2008 年 7 月，極端的天氣都導致天然氣價格從 2 美元暴漲到至少 8 美元以上。

然而 2008 下半年過後，因為美國的頁岩氣產量大增，因此天然氣價格長期維持在低檔，目前仍然看不到改善的跡象。

天然氣的季節性

天然氣是季節性相當明顯的原物料，通常冬季因為取暖需求大，所以價格明顯處於高檔，而春秋兩季由於天然氣需求較少，因此價格常會處於低檔。

天然氣的未來展望

2006 年開始，中國成為天然氣淨進口國，而近年中國經歷了多次天然氣「氣荒」，顯示了中國在天然氣進口這方面，正在步入 1993 年成為石油淨進口國的後塵。以中國的人口之多，未來家家戶戶冬季要求有暖氣時，天然氣需求的潛在爆發力絕對無法忽視。加上未來在節能減碳及降低空汙的壓力之下，火力電廠轉向使用更環保的天然氣已是大勢所趨。然而全球的天然氣目前仍然嚴重供過於求，但天然氣油輪的數量明顯不足，因此投資液化天然氣油輪類股會比投資天然氣生產公司更有獲利機會。

天然氣的投資工具

天然氣的投資在美國有多檔期貨型 ETF，主要是由 United States Commodity Fund 這間公司發行的兩檔 ETF：UNG 和 UNL 這兩檔。這兩檔

ETF 雖然都是持有天然氣期貨，但在期貨的到期日有很大的不同。UNG 這檔都是下個月到期的合約（近月合約），因此每年至少要有 12 次的轉倉，而轉倉時的價差就會造成該檔 ETF 的淨值越來越少；至於 UNL 由於期貨的到期日較為分散（＝有較多的遠期合約），因此在轉倉這方面的損失較少，或許可以提供給喜好天然氣的投資者較佳的投資方式。

由於天然氣估過於求，但液化天然氣油輪相當缺乏，因此我較建議投資液化天然氣油輪類股，而這類股票多半也是高配息的股票。以下提供幾擋供各位參考：DLNG、GLNG、GMLP、GLOG、GLOP。

替代能源小檔案 ▶ 替代能源：前景仍然取決於油價

英文	Alternative energy
主要分類	生質燃料、地熱、太陽能、風力、海洋能源（潮汐、波浪、溫差發電等）、水力發電

替代能源的主要種類

替代能源種類很多，以下介紹較為重要的幾類：

（一）生質燃料

生質燃料是利用生物組織或代謝產物來產生能源的技術，其中最原始的技術就是燃燒木材取暖或烹煮食物，但也可以將生物組織轉換成其他固體、液體甚至氣體，再加以利用。例如2010年英國的眾多發電廠就因為煤價高漲，開始使用木屑做為發電燃料。

　　而利用動物油脂或植物體生產液體燃料的技術則稱為生質柴油或生質汽油，目前主要的技術有利用甘蔗和玉米生產酒精（乙醇）、利用黃豆製作生質柴油。目前利用甘蔗製作酒精的領銜國家為巴西，利用玉米製作酒精的主要國家為美國，利用黃豆製作生質柴油的主要國家是德國。生質能源雖然在燃燒的過程中仍會產生碳排放，但這些碳來源是植物吸收空氣中的二氧化碳轉換為植物組織，因此「淨碳排放」遠較一般的石化燃料低（雖然碳的淨排放可能不是零）。然而，傳統的生質燃料會產生一個嚴重問題：糧食被移做燃料生產之後，糧價勢必高漲。因此，有不少國家開始積極的發展下一代的生質燃料，那就是纖維素乙醇。所謂纖維素乙醇就是將纖維素分解成葡萄糖，之後再發酵成酒精，但是纖維素可以說是生物產生的化合物中最難分解的，因此目前此類製程的生產成本仍然太高，難以推廣。

（二）地熱

　　這是利用地球內部的熱量，將水加熱成水蒸氣之後，將蒸氣通過渦輪發電機發電。由於鑽井的難度很高，且還是有可能挖到廢井，因此地熱能雖然在世界上的分布範圍很廣，但受限於成本問題，能開採的量卻不多。

（三）太陽能

　　太陽能主要分成兩種：利用太陽的熱力，直接加熱液體（水或油）產生蒸汽來推動發電機，另一種是以光電效應來發電，這就是俗稱的太陽能電池。由於太陽能只有白天可以發電，且不是每個地區的氣候都陽光普照，因此目前太陽能的發展仍然極度依賴政府補助，坦白講就是成本仍然沒有比傳統的石化燃料便宜。

（四）風力

人類很早就開始利用風力，例如帆船就是利用風力的最早發明，而歐洲地區在中世紀就有眾多的風車林立。而風力發電的原理就是利用空氣的流動轉動發電機，將空氣的動能轉成電能。由於風力發電機的機械構造並不複雜，架設之後的維護成本較少，因此是目前少數在成本上可以與石油競爭的替代能源。但是有風的時段、風力的強弱都無法控制，這也是風力發電目前面臨的問題。解決的方法是透過不同地區的風力發電機串聯，靈活調度電力，但這又讓風力發電的成本增加許多。

（五）海洋能源

海洋能源包括海洋溫差發電、潮汐發電等，其中潮汐發電因為不受天候的影響，因此目前是較為熱門的發展項目。然而潮汐仍然有潮差小（世界上較大的潮差不超過 15 公尺）的問題，因此難以取得像水力發電一般數十公尺甚至數百公尺的位能差。而海水溫差發電由於需要表層和深層的海水溫差達到 20 度以上，因此多半在熱帶地區較為適用，使用範圍受到嚴重的限制，因此難以推廣。

（六）水力發電

這是最傳統的發電方式之一，因此不再詳述。

替代能源的發展限制

從上面的敘述，可知**所有的替代能源都面臨一個重大的問題：成本仍然比傳統的石化燃料高（除了風力發電可能較有競爭力之外）**。因此有很多替代能源公司仍然要靠政府補助才能撐過去，更遑論賺大錢了。請記住，**世界上不會有太多人只因為「環保因素」就去發展替代能源，一切都還是要回歸到經濟效應，就是成本高低及公司能不能賺錢的問題**。因此這幾年替代能源公司能夠生存的原因，就是節節高漲的油價。既然如此，那就直接下注油價的上漲就好了，為何要疊床架屋去買替代能源的基金或股票？

當然我不是說所有的新能源或是替代能源的股票都不能買，但至少要選出比油價多飆漲好幾倍的股票不是我的專長，更何況油價開始長期空頭時，這些股票也難逃下跌的命運。且永遠不要忘記歷史：1970 年代末期及 1980 年代初期的高油價，一堆替代能源的計畫蓬勃發展，結果這些計畫在 1985 年到 1986 年油價崩盤之後，全部被棄之如敝屣！可見油價仍然是左右替代能源未來發展的關鍵因素，這點一定要記住啊！

三、農產品：民以食為天

農產品的基本性質

　　農產品的價格走勢與地區的供需及天氣的關係較大，和長期的通膨趨勢相關度較低。因此要投資農產品，就要對主產地的天氣有相當的掌握，比如說咖啡就以巴西、越南與哥倫比亞為最重要，可可當然是象牙海岸和迦納、印尼這幾國。

　　我們常說的農產品又可以分為：穀物（grains）、軟性商品、油脂類、其他食品類、牲畜類、纖維類、其他類等（詳情請見表 1—1）。其中穀物多半是一年生的種類（生長期可能只需要 3 ～ 5 個月），今年種不出來明年或許就種出來，因此庫存可能就平衡了，所以多頭行情多半不會持續很久。各位可以看三大穀物的線圖（圖 5—19、5—20、5—21），過去三十多年幾乎看不出任何規律，唯一的規則是和天然災害有關，但天災往往是難以預測的。關於主要農作物從種植到收成所需時間，請見表 5—10。

表 5—10 ▶ 主要農作物從種植到收成所需時間（以北半球為準，多年生植物
則不提供主要播種季節）

種類	從種植（或出生）到第一次收成（或宰殺）所需時間	主要播種（或出生）季節	主要收成（或宰殺）季節
小麥	3 ～ 10 個月	春麥：3 ～ 5 月 冬麥：8 ～ 12 月	春麥：7 ～ 8 月 冬麥：隔年 5 ～ 7 月
玉米	4 ～ 6 個月	4 ～ 6 月	9 ～ 11 月
黃豆	4 ～ 6 個月	4 ～ 6 月	9 ～ 11 月
棕櫚油	30 個月	X	一年四季
咖啡	3 ～ 5 年	X	巴西：5 ～ 9 月 哥倫比亞：4 ～ 6 月 越南：10 月
可可	4 ～ 5 年	X	主要：9 ～隔年 3 月 次要：5 ～ 8 月
糖	甘蔗：1.5 年 甜菜：2 年	甘蔗：11 ～隔年 4 月 甜菜：4 月	甘蔗：11 月～隔年 5 月 甜菜：9 ～隔年 2 月
棉花	5 ～ 6 個月	2 ～ 6 月	7 ～ 11 月
橡膠	5 ～ 8 年	X	較多：5 ～ 7 月 較少：11 ～隔年 1 月
瘦豬	5 ～ 6 個月	3 ～ 5 月	8 ～ 12 月

　　農產品的季節性在原物料中特別明顯，這是因為無論每年的農產品收成多少，收穫季節的到來總是會讓庫存增加，因此就算此時處於大多頭時期，價格也常會停滯甚至下跌，這點在交易農產品時須特別注意。另外，對農產品走勢最具影響力的就是庫存／需求的比例，也就是「現有庫存可以供應幾

天的需求」，當庫存／需求比過低，那麼就像原油的備用產能太少一樣，市場就容易因為一些小因素而暴漲；反之當庫存／需求比過高，那麼就算主產國發生嚴重的天災人禍，價格也不見得會上漲太多。

因此生長時間較長的農產品，如軟性商品、棕櫚油及橡膠，當價格低落時，這類產品的供應量無法趕上需求，因此價格大漲，而之後農民又紛紛投入生產，造成供應量反而大於需求，也就是說投入生產和真正能量產的時間延遲性（time lag）才能造成價格較長期的趨勢。因此就這點來講，種植之後要兩年以上才有第一次收成的作物，如咖啡、可可、柳橙汁、橡膠及油棕櫚，在價格循環上反而較類似金屬和能源類。

既然了解了該投資哪些農產品種類，那之後就是尋找投資工具，很不幸的是，農產品的投資工具非常少，分別分析如下：

（一）農業公司股票或股票型基金：

農業股票基金和農產品期貨價格走勢關聯性非常小，甚至比其他三類基金和對應期貨的關係都要小（表4—4），因此投資農產品基金或股票對於追蹤農產品價格，是非常差的投資方法。

（二）農產品 ETF 或 ETN：

多數農產品 ETF 或 ETN 混雜太多品種，無法下注單一農產品，且此類產品大多數是需考慮信用風險的 ETN 而不是 ETF。

（三）農產品期貨

具有槓桿，不適合初學者操作。

（四）實體農產品：

農產品多半會腐朽，無法長時間保存。

經過以上的篩選，只有農產品 ETF 和 ETN 可以做為投資農產品的工具，這點將會在之後每種農產品類別中分別介紹。另外**本書為了閱讀方便，農產品的 2016 ～ 2017 產季均標註為 2016，請各位讀者特別注意。**

穀物小檔案 ▶穀物：人類的主糧

英文	小麥 Wheat、黃豆 Soybean、玉米 Corn
主要用途	糧食、牲畜飼料、生質能源、榨油、製作果糖（玉米）
季節性	小麥：11 ～隔年 2 月最強勢、5 ～ 6 月最弱勢
黃豆、玉米	4 ～ 6 月最強勢、10 ～ 11 月最弱勢
小麥最大生產國（2017 ～ 2018）*	中國 > 印度 > 俄羅斯 > 美國 > 加拿大
小麥最大使用國（2017 ～ 2018）*	中國 > 印度 > 俄羅斯 > 美國 > 巴基斯坦
玉米最大生產國（2017 ～ 2018）*	美國 > 中國 > 巴西 > 阿根廷 > 印度
玉米最大使用國（2017 ～ 2018）*	美國 > 中國 > 巴西 > 墨西哥 > 印度
黃豆最大生產國（2017 ～ 2018）*	美國 > 巴西 > 阿根廷 > 中國 > 巴拉圭
黃豆最大使用國（2017 ～ 2018）*	中國 > 美國 > 阿根廷 > 巴西 > 印度

＊資料來源：美國農業部（USDA）

穀物的基本性質

　　世界上交易的穀物期貨主要有三種：小麥、玉米及黃豆，這些作物都被人類馴化、種植了至少幾千年的歷史，也是人類和牲畜的主要糧食。由於糧食的基本需求非常穩定，因此這三種穀物的價格變動主要都是因供應面發生變化。然而若油價較高時，許多國家會將玉米發酵生產乙醇（酒精），將乙醇摻入汽油中做為生質汽油，因此玉米的需求與油價有一部份關連，而黃豆油也可以加入柴油中做為燃料。這三種穀物的主要用途如下：小麥多半是做為人類糧食（若玉米與黃豆價格太高，劣質的小麥也可以作飼料）；玉米則主要作為牲畜糧食、提煉高果糖糖漿（HFCS）、玉米澱粉及乙醇，用途比其他兩種穀物要來的廣；黃豆主要用途是壓榨製作黃豆油，壓榨之後的黃豆粉（Soy meal 或 Soybean meal）可做為牲畜飼料的蛋白質添加劑，亞洲國家也常食用黃豆製品。

圖 5—19 ▶ 1970 年 2 月到 2018 年 5 月小麥價格（月線圖）

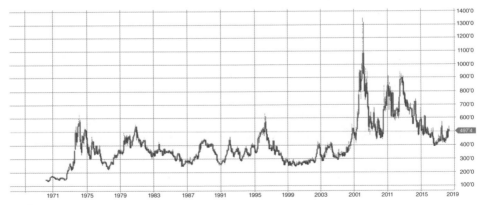

資料來源：https://www.tradingview.com/chart/

圖 5—20 ▸ **1970 年 2 月到 2018 年 5 月玉米價格（月線圖）**

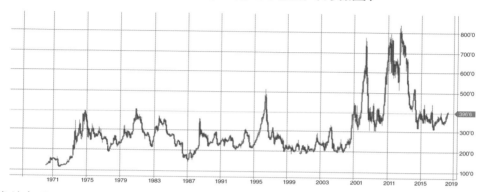

資料來源：https://www.tradingview.com/chart/

圖 5—21 ▸ **1970 年 2 月到 2018 年 5 月黃豆價格（月線圖）**

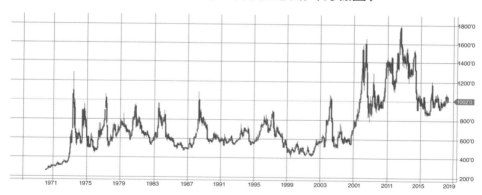

資料來源：https://www.tradingview.com/chart/

穀物價格的主要驅動因子

（一）美元升貶值

美元升值通常造成農產品價格下跌，而美元貶值常造成農產品價格上漲。

（二）通貨膨脹（或實質利率高低）

這點對於穀物的影響較小。

（三）穀物的供應

全世界主要的穀物（不含水稻）產地，在表2—2（見P.32）中有詳細說明，需注意的是冬麥的產量大於春麥，所以小麥主要收成於 5 ～ 7 月。而**穀物的生產受到耕地競爭因素的嚴重影響**，敘述如下：每年 2 ～ 4 月，黃豆、玉米及春麥（還有棉花，但棉花不是穀物）均準備播種，此時三者的價格比例是影響農夫種植何種作物的重要因子。由於能夠種植作物的農地有限，因此這些農作物之間就會有此消彼長的耕地競爭關係。舉例來說，若去年 A 價格表現較好，今年春耕前 A 的價格通常較高（因為春耕距離去年底才三個月），導致農夫爭相種植 A，這樣當年下半年 A 的收成量較多，A 的當年價格表現就比較不好。到了隔年春耕前，因為 A 價格可能仍然不振，因此 A 反而很少人種植，當年下半年 A 就會表現較佳。**也就是說三大穀物與棉花在當年表現最差的，通常隔年表現不會最差；當年表現最好的，通常隔年表現不會最好。但需注意以上都是相對表現，有可能三大穀物與棉花在當年都是下跌，不過就算如此，前一年表現最差的，今年就算下跌也會跌最少。**

（四）穀物的需求

　　穀物基本上需求相當穩定，尤其是做為主糧的小麥。而在飼料需求上，三大穀物彼此會互相競爭，高粱、燕麥、大麥若價格相對低廉，也會有表現的機會。

圖 5—22 ▸ **1978 年到 2018 年小麥的生產、需求與庫存變化（生產－需求）**

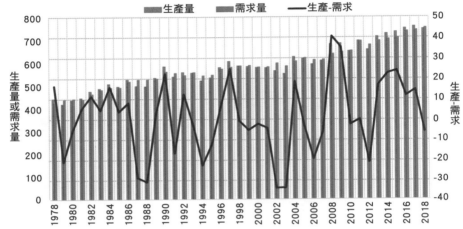

單位：百萬公噸，資料來源：USDA

圖 5—23 ▸ **1978 年到 2018 年小麥的庫存／需求比例**

資料來源：USDA

圖 5—24 ▸ **1982 年到 2018 年玉米的生產、需求與庫存變化（生產—需求）**

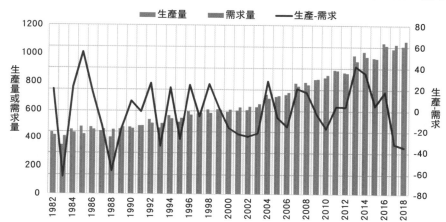

單位：百萬公噸，資料來源：USDA

圖 5—25 ▸ **1982 年到 2018 年玉米的庫存／需求比例**

資料來源：USDA

圖 5—26 ▸ **1978 年到 2018 年黃豆的生產、需求與庫存變化（生產—需求）**

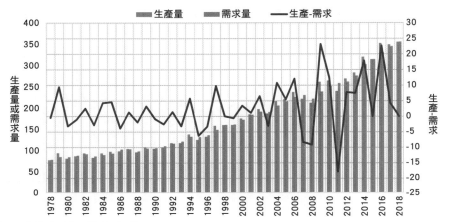

單位：百萬公噸，資料來源：USDA

圖 5—27 ▸ **1978 年到 2018 年黃豆的庫存／需求比例**

資料來源：USDA

穀物的季節性

農產品（不只穀物）每年的固定利空就是就是收穫時庫存會增加，而這些庫存消耗到隔年播種季，屆時南美洲的收穫量尚未運銷全球，此時庫存通常最低，因此播種季通常農產品價格較高，而收成季價格較低。因為庫存的明顯循環，所以農產品的季節性是所有原物料中最明顯的。另外農產品在夏季雖然並非播種季或收成季，但此時若有乾旱或水災，也容易導致農產品價格大漲。

另外三大穀物常有個輪動順序：通常小麥會先上漲，之後輪到玉米，再過來才是黃豆，例如 2010 年六月，當市場注意到俄羅斯有乾旱問題之後，小麥價格在 2010 年 6 月 9 日就開始上漲，玉米則到 2010 年 6 月 29 日、黃豆則到 2010 年 7 月 1 日才開始上漲。另外 2005 年到 2008 年的糧價暴漲中，三大穀物也是遵循這樣的輪動順序，至於會有這價格輪動的原因，則是因為耕地競爭的關係，這點就不在本書中詳述了。

穀物的價格簡史

穀物的價格並沒有週期可言，這是因為穀物的生產週期太短，飆漲的價格在下個年度通常很快就被新增的產量所壓制，因此很難形成數年的大多頭。從三大穀物的價格走勢圖可以看出，價格的最高點之間相距約 1 ～ 8 年，並沒有固定的週期。可見要從穀物的上漲之中獲利，多研究聖嬰或反聖嬰現象是否發生比看線圖要有用的多。

穀物的未來展望

　　今年到目前為止（2018 年 6 月 1 日），三大穀物與棉花的表現最佳的是小麥，再來是棉花，玉米和黃豆表現最差，因此明年玉米和黃豆可能會有較大的漲幅，小麥表現可能較差（但不代表明年小麥會跌，有可能四種作物都漲，但小麥漲最少）。然而目前玉米的庫存／需求比明顯較低，因此選擇玉米投資應該較為有利可圖。

　　由於穀物的價格並沒有長期的**趨勢**可以預測，因此穀物的投資需要眼明手快，有獲利就要嚴格遵守上調的移動止損點（請參見筆者上一本著作《掌握投資金律》），絕對不能讓原有的獲利化為烏有甚至放任虧損的產生，這將會是投資最大的錯誤之一。

穀物的投資工具

　　穀物期貨並不適合初學者投資，而農業基金其實與穀物價格的相關性非常低（表 4—4），因此很難準確追蹤農產品的價格。因此投資穀物還是以 ETF（或 ETN）較佳，而目前綜合投資三種穀物的 ETN 有 iPath 發行的 JJGB（※註一）與 GRU。

　　若是針對單一穀物，目前分別有追蹤小麥的 WEAT、追蹤玉米的 CORN、追蹤黃豆的 SOYB 這三檔 ETF。目前在國內的證券市場也有一檔華頓黃豆 ETF（台股代號：00693U），這檔 ETF 是追蹤黃豆期貨價格，也就是

※ 註一：2017 開始，iPath 將早期發行的一些 ETN 逐步下市，但下市之後仍然可以在美國的 OTC Pink（美國場外交易集團、美國櫃檯買賣粉紅單）交易，不過代號有所更改（例如 BAL 改為 BALTF、JJG 改為 JJGTF），成交量也可能縮小。

可以追蹤無槓桿的黃豆期貨績效，但由於是台幣計價，所以也會受到新台幣匯率的影響。

咖啡小檔案 ▶ **咖啡：數百年的上癮**

英文	Coffee
主要用途	飲料
季節性	11 月到～隔年 2 月最強勢、5 ～ 9 月最弱勢
1965 ～ 1982 年最高點	1977 年 4 月 =337.5 美分 / 磅
1970 年代多頭之後的最低點	2001 年 12 月 =41.5 美分 / 磅
最大生產國（2017 ～ 2018）*	巴西 > 越南 > 哥倫比亞 > 印尼 > 宏都拉斯
最大使用國（2017 ～ 2018）*	歐盟 > 美國 > 巴西 > 日本 > 菲律賓

* 資料來源：美國農業部（USDA）

咖啡的基本性質

咖啡和茶可以說是人類上癮歷史最久的作物之一，然而世界上並沒有茶的期貨交易，因此咖啡就成了金融交易上最重要的成癮性作物之一（另一種成癮性作物期貨是可可）。咖啡是茜草科的常綠灌木或喬木，原產地在東非高原（可能在衣索比亞），之後透過紅海兩岸的貿易而傳到阿拉伯半島（「摩卡」就是葉門的一個港口，在 15 世紀時曾經壟斷全世界的咖啡貿易，摩卡咖啡因而得名），後來又被伊斯蘭教徒（穆斯林）傳到歐洲，最後才在歐美國家的推廣之下成為世界性的飲品。咖啡生長在熱帶和亞熱帶的丘陵地帶，目前以中南美洲、非洲和越南為主要生產國，而中南美洲主要種植阿拉比卡品種（Arabic，其實就是阿拉伯的意思），非洲和亞洲主要種植羅布斯塔

（Robusta）品種，其中阿拉比卡品種的口感較佳，咖啡因含量也較低，因此在市場上價格較高。而咖啡的主要消費國都是歐美國家，但日本近年來也成為消費大國之一，中國未來也有可能因為飲食西化而消費量大增。

世界上有數個期貨交易所交易咖啡期貨，但以美國的洲際交易所（ICE）交易的阿拉比卡咖啡及倫敦的國際金融期貨與選擇權交易所（LIFFE）交易的羅布斯塔咖啡較為重要，兩者的價差也是咖啡價格的重要指標之一。本書若未特別註明，則均以紐約交易的阿拉比卡咖啡期貨為主，不特別探討羅布斯塔咖啡的情形。

圖 5—28 ▶ **1972 年 9 月到 2018 年 5 月咖啡價格（月線圖）**

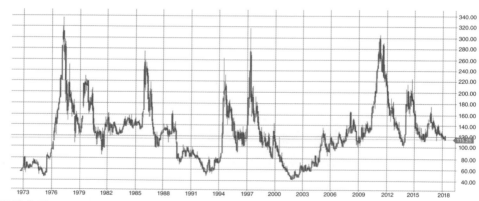

資料來源：https://www.tradingview.com/chart/

咖啡價格的主要驅動因子

（一）美元升貶值

　　由於巴西與哥倫比亞是咖啡的前幾大產國，因此巴西里拉（貨幣代碼：BRL）、哥倫比亞披索（貨幣代碼：COP）若升值（也就是美元貶值），咖啡價格通常會上漲；而巴西里拉與哥倫比亞披索若貶值（也就是美元升值），則咖啡價格通常會下跌。

（二）通貨膨脹（或實質利率高低）

　　這點對於咖啡的影響較小。

（三）咖啡的供應

　　巴西在咖啡的產量具有壓倒性的優勢，因此巴西的氣候深深影響咖啡的供應。而巴西、越南、哥倫比亞這前三大咖啡產國的收成季節都在每年的4～9月，因此這段期間常是咖啡價格的最低點。但是每年5～8月正逢南半球的冬季，巴西種植海拔較高的地區容易發生霜害，若影響廣大，則咖啡價格容易大漲。另外主要生產國若是降雨過多（造成咖啡開花之後無法授粉）或是發生乾旱，也會咖啡價格有正面影響。而巴西的咖啡生長有明顯的大年小年的循環，今年剛好是產量會較少的年份，這也對咖啡價格是一個利多。

　　由於咖啡種植之後要三年的時間才能第一次開花結果，因此若是發生嚴重的災害而影響咖啡樹的健康狀況，飆漲的價格可能要兩三年才會被足夠的產量打壓下去，這也就是咖啡一次多頭常會上漲好幾年的原因。

（四）咖啡的需求

　　冬季由於氣候寒冷，歐美國家的咖啡消耗量增加，此時咖啡價格通常較高。另外，新興市場國家（尤其是中國）在經濟成長之後，對於咖啡這種象徵「時尚」的飲品興趣也會增加（雖然不見得會快速增加），這是咖啡未來可能一個非常大的利多。

圖 5—29 ▸ **1998 年到 2017 年咖啡的生產、需求與庫存變化（生產─需求）**

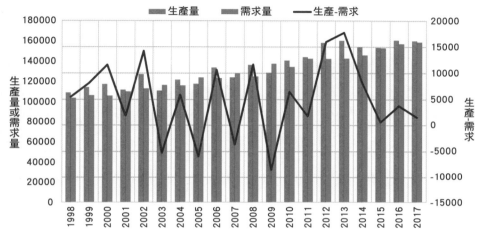

單位：千袋，資料來源：USDA

圖 5—30 ▸ **1998 年到 2017 年咖啡的庫存／需求比例**

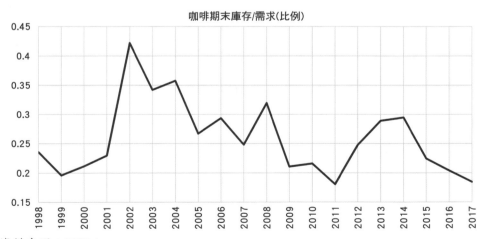

資料來源：USDA

咖啡的價格簡史

　　咖啡在歷史上，約每隔十年會有一次劇烈的價格上漲（1977、1985 ～ 1986、1994 ～ 1997、2011，圖 5—28），主要原因是因為中南美洲發生自然災害，其中又以巴西的霜害較具影響力和規律。2001 年 12 月，咖啡價格創下數十年低點，之後因為美元貶值與原物料價格普遍上漲，咖啡價格也逐步上漲，到了 2011 年 5 月，因為咖啡的庫存量大減與巴西發生霜害，導致價格最高飆漲到 306.25，創下 1997 年 5 月以來的最高點。

　　但 2011 年 5 月之後，因美元升值，咖啡價格開始下跌，2014 與 2016 年雖然曾兩度上漲，但之後繼續回跌，目前（2018 年 6 月）約為 115 美分，大致上已跌回 2008 年底的低點。

咖啡的季節性

　　巴西的咖啡產量在世界上具有壓倒性優勢，因此每年的 5 ～ 9 月，適逢巴西的咖啡收成季節，價格通常處於低檔。到了冬季，溫寒帶國家喝咖啡取暖需求增加，咖啡價格通常處於高點。但每年 5 ～ 8 月若咖啡發生霜害，價格往往漲的比冬季還高，例如 1977、1994、1997、2011 年這幾次咖啡價格飆漲都是因為巴西發生霜害。

咖啡的未來展望

　　澳洲氣象局目前的聖嬰現象預報為中性，而每當反聖嬰或聖嬰現象發生，

氣候偏離正常狀況，咖啡價格就容易上漲，不過仍需要注意巴西幣兌美元匯率的升貶。

咖啡的投資工具

咖啡的投資工具除了咖啡期貨之外，目前在美國上市追蹤咖啡期貨價格的 ETN，代號為 BJO。

可可小檔案 ▶ 可可：另一種成癮性作物

英文	Cocoa
主要用途	製作巧克力
季節性	7～8 月最強勢、2～4 月最弱勢
1965～1982 年最高點	1977 年 7 月 = 5379 美元 / 公噸
1970 年代多頭之後的最低點	2000 年 12 月 = 674 美元 / 公噸
最大生產國（2014～2015）*	象牙海岸＞迦納＞印尼＞厄瓜多＞喀麥隆
最大使用國	美國及歐洲國家

＊資料來源：世界可可組織（International Cocoa Organization，ICCO）

可可的基本性質

可可樹是另一種熱帶栽植的成癮性作物，為梧桐科的一種常綠喬木，其原生地為中南美洲，人類在馬雅和阿茲提克帝國時代就已經食用可可作成的飲料，可可後來隨著哥倫布發現新大陸而帶回歐洲，但直到 1674 年才發明了

固體巧克力的製作方法，距離哥倫布發現美洲（1492 年）已經近 200 年了！可可含有少量的咖啡因及與咖啡因作用類似的可可鹼（Theobromine），兩者同樣都具有興奮及利尿的作用，只是可可鹼的效力遠較咖啡因弱，另外值得一提的是，可可鹼對於貓狗是種毒藥，但人體卻可以正常的代謝而不受傷害。可可與咖啡一樣只有單一用途—食用，並無其他用途，但也沒有什麼替代品。

由於可可樹只能生長在比咖啡更炎熱的環境中，而且栽植 4 ～ 5 年後才能第 一次結果，因此種植一直難以普及。目前全世界栽植可可樹的最大產國是象牙海岸，該國約占全世界產量的 40 ～ 45%，而同在西非幾內亞灣的迦納與喀麥隆也是大產國，因此西非一帶就占全世界總產量的 2/3。然而西非是個政治和宗教紛爭頻繁的地區，2002 年象牙海岸革命戰爭就讓可可價格上漲不少，因此說世界的可可價格都維繫在這幾個動盪不安的西非小國上，實在一點也不誇張。

可可在世界上有兩個主要期貨：美國交易的可可以美元計價，英國交易的可可則以英鎊計價，但兩者的重量單位都是公噸。2010 年有不少國內媒體誤報「可可豆價格創下歷史新高」，其實這是英鎊計價的可可豆，我們對於這類的資訊來源需有辨別的能力。

圖 5—31 ▶ **1959 年 7 月到 2018 年 5 月可可價格（月線圖）**

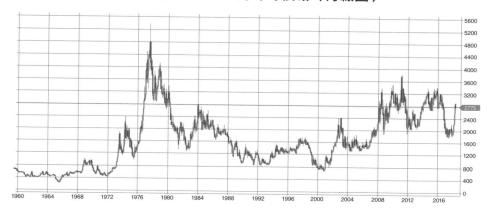

資料來源：https://www.tradingview.com/chart/

可可價格的主要驅動因子

（一）美元升貶值

　　與多數原物料相同，美元貶值時，可可價格較容易上漲；美元升值時，可可價格較容易下跌。

（二）通貨膨脹（或實質利率高低）

　　這點對於可可的影響較小。

（三）可可的供應

　　可可的種植曠日費時，從種子開始種植約需 4 ～ 5 年才能第一次開花結

果，因此價格高漲時，也無法立即擴增產量；而價格下跌，產量也通常不會減少，也就是說供應的彈性非常小。而且可可的產地非常集中在西非幾內亞灣一帶，因此可可短期的的供應主要受這幾國的天氣與政治問題所影響。由於可可樹種植 30 年之後會衰老，因此上次 1977 年可可價格到歷史高點，經過 30 年之後的 2007 年，可可樹將需要砍掉重種，這又需要 4 年以上的時間才能有適當的產量產出，因此這段時間可可價格就較易上漲。

（四）可可的需求

巧克力價格對於貧窮國家來說是個昂貴的奢侈品，因此新興國家若收入增加，可可的需求也會較大。至於先進國家的可可需求量與經濟成長或衰退較無關係，因為幾十塊錢的巧克力對於先進國家的收入水準而言不是大問題，當然若發生嚴重的金融風暴，那麼消費還是可能會大減。

（五）戰爭等其他意外因素

迦納和象牙海岸一直是非洲非常不穩定的地區，例如象牙海岸的選舉就常常發生暴力，2010 年象牙海岸的大選之後就發生戰爭。

圖 5—32 ▸ **1960 年到 2018 年可可的生產、需求與庫存變化（生產—需求）**

單位：千袋，資料來源：USDA

圖 5—33 ▸ **1960 年到 2018 年可可的庫存／需求比例**

資料來源：USDA

可可的價格簡史

長期來講，可可價格的大幅波動較咖啡少，但每次的上漲時間較為持久、漲幅也較大（圖5—31）。這原因是因為可可樹種植之後需要 4 ～ 5 年才能第一次結果（比咖啡的 3 年要來得久），因此農夫並不會因為可可價格低落就停止生產，也較難因為價格飆漲就大量生產，所以產量的彈性較小，因此較容易發生長期的上漲或下跌趨勢。

1977 年時，迦納因為可可豆嚴重的病害，加上 1970 年代可可樹的種植量太少（因為 1960 年代價格過低），可可的庫存／需求比跌到 20% 以下，因此價格從 1965 年的最低 210 美元/公噸飆漲到 1977 年的 5379 美元/公噸，足足暴漲了 24.61 倍！

但盛衰循環的歷史又重新上演，1977 年的價格暴漲讓眾多農民搶種，產量大增造成 20 多年的空頭市場，這段時間的可可價格總是小漲大跌，2000 年時價格居然跌到只剩下 674 ！之後因為太多人放棄種植可可，加上象牙海岸在 2002 年開始爆發革命戰爭，因此可可在 2011 年 3 月上漲到 3826 的高點。

2011 年 3 月之後，可可價格因受到美元升值與產量增加的影響而下跌，雖然 2014 年因為西非爆發伊波拉病毒疫情而一度上漲，但之後又下跌，目前（2018 年 6 月）大致上在 2,300 美元附近。

可可的季節性

可可的主要收成季在 9 月至隔年的 3 月，因此通常每年的 2 ～ 4 月是可

可價格的最低點，7 ～ 8 月則是最高點。然而由於可可的收成期幾乎遍布全年，因此價格的季節性較不明顯。

可可的未來展望

可可是 2018 年表現最好的原物料之一，然而目前技術面上有超買的現象（RSI 過高），建議等到周線圖 RSI 至少降低到 50 以下再考慮進場與否。而 1990 年之後，可可的庫存／需求比一路震盪下跌，長線來看對於可可價格是有益的。

可可的投資工具

除了期貨交易之外，美國股市只有一檔代號 NIB 的 ETF 專門投資可可，但這檔 ETF 成交量小，且追蹤誤差較大，因此若需要投資 NIB 時，千萬不可以重押（建議設定 20% 以內的止損點，且 NIB 的部位需小於總資產的 5%），以免無法賣出而被套牢。

▶糖：看似平凡，卻是必須

英文	sugar，製糖甘蔗稱為 sugarcane，甜菜稱為 sugarbeet
主要用途	食品、製作生質酒精
季節性	11～隔年 3 月最強勢、5～9 月最弱勢
1965～1982 年最高點	1974 年 11 月＝66 美元 / 公噸
1970 年代多頭之後的最低點	1985 年 6 月＝2.63 美元 / 公噸
最大生產國（2017～2018）*	巴西＞印度＞泰國＞中國＞美國
最大使用國（2017～2018）*	印度＞中國＞美國＞巴西＞印尼

＊資料來源：美國農業部（USDA）

糖的基本性質

　　糖，這個透明潔淨的小方塊，看起來是可有可無的甜味劑，實際上它的影響力卻遠遠超過你的想像。這是因為幾乎所有飲料和糕點都需要糖的點綴，因此他的價格也牽動到許多食品的成本和售價。由於糖類是一種重要的熱量來源，因此對於甜食的喜好已經根植在人類的基因之中，所以這些已開發國家的糖使用量還是繼續增加，只不過增加速度可能比較緩慢罷了。至於在新興市場，印度向來是全世界最大的糖使用國，中國排名第二，而這兩國恰好是全世界經濟成長最快的主要經濟體，隨著這兩國國民所得成長之後，糖的使用量必定會增加許多。各位朋友或許還聽過小時候父母說：以前要吃一顆糖是很難的事情，這點就可以看出國民所得低的國家要吃到糖有多麼困難。

　　糖主要由兩種作物提煉：甘蔗和甜菜。甘蔗主要種植在熱帶和亞熱帶，需要 1.5 年的生長才能產糖；而甜菜則主要種植在溫帶，需要 1 ～ 2 年的生產才能產糖。目前世界上主要以甘蔗製糖，甜菜居於次要的地位。然而不論由甘蔗生產的糖或甜菜生產的糖，在結構及成分都是完全一樣，並沒有什麼不同。

圖 5—34 ▶ 1961 年 1 月到 2018 年 5 月糖價格（月線圖）

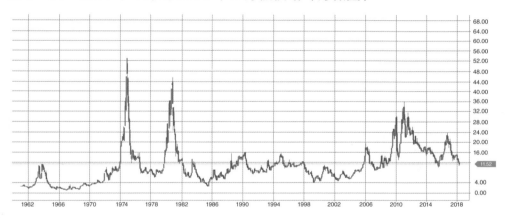

資料來源：https://www.tradingview.com/chart/

糖價格的主要驅動因子

（一）美元升貶值

　　巴西由於是糖的大產國，因此巴西幣匯率若升值（也就是美元貶值），糖價通常會上漲；而巴西幣若貶值（也就是美元升值），則糖價通常會下跌。

（二）通貨膨脹（或實質利率高低）

這點對於糖價的影響較小。

（三）糖的供應

全世界糖的產量有一個很重要的趨勢，那就是常會有連續增產 **2** 年，之後又連續減產 **2** 年的循環周期（這裡的增產或減產是與前一年產量相比較，並不是當年的供應減需求），詳情請見表 5—11。至於會出現這現象的原因，是因為甘蔗的生長需要一年半才能收成，加上農作物的生長本來就有大年、小年的輪替循環，因此才會造成有這種 2 ～ 3 年循環的現象發生。

表 5—11 ▸ 世界糖產量的循環周期

時段	持續時間（年）	增產（＋）或減產（一）
2007 ～ 2008 → 2008 ～ 2009	2	一
2008 ～ 2009 → 2012 ～ 2013	5	＋
2012 ～ 2013 → 2013 ～ 2014	2	一
2013 ～ 2014 → 2014 ～ 2015	2	＋
2014 ～ 2015 → 2015 ～ 2016	2	一
2015 ～ 2016 → 2017 ～ 2018 ？	3 ？	＋
2017 ～ 2018 ？ → ？	？	一

目前美國農業部仍然預計 2017 年到 2018 年的糖產季，糖產量還是會較前一年增加。根據之前的循環週期，2018 下半年之後的糖產季，糖可能會開始減產，這將是對糖價的一大利多。

　　主要產國若發生嚴重災害，也有可能減少糖的供應，因此需特別注意巴西、印度、中國華南（尤其廣西、廣東和雲南三省的氣候）、泰國、巴基斯坦等國的氣候。

（四）糖的需求

　　糖的需求除了受到新興國家的經濟成長帶動之外，受到全球經濟榮枯的影響較小。另外若油價高漲，全世界最大的糖產國—巴西可能會將更多的甘蔗轉為生質酒精而不生產糖，造成糖的供應成長緩慢甚至負成長，因此當油價高漲的時候，若巴西將更多的甘蔗移去製作酒精，那麼糖價就容易上漲，因此油價的高低也是左右糖需求的一個變數。

圖 5—35 ▸ **2002 年到 2018 年糖的生產、需求與庫存變化（生產—需求）**

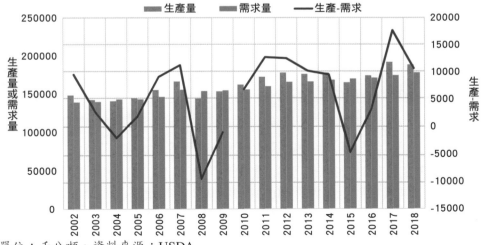

單位：千公噸，資料來源：USDA

圖 5—36 ▸ **2002 年到 2018 年糖的庫存／需求比例**

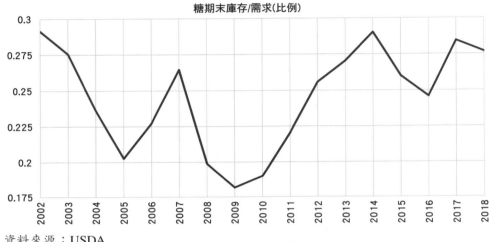

糖期末庫存/需求(比例)

資料來源：USDA

糖的價格簡史

　　由於糖的供需常會呈現 2 ～ 3 的連續減產和增產，因此世界上糖價的表現周期（兩個最高點的時間差，表 5—12），多半是 3 的倍數，如 6、9、12 年，其中又以 5 ～ 6 年的周期最常出現，而這恰好是印度農民種植甘蔗的輪耕周期。而且在 1990 年之後，糖價的高峰似乎都間隔 5 ～ 6 年，若以此周期推估，下一次糖價高峰約在 2021 或 2022 年出現，與本書在 Part2 推估的美元最低點一致。

表 5—12 ▸ 世界糖價格的循環周期（由前一次高峰到本次高峰）

年代	持續時間 （年，取最近整數或 0.5 年）	備註
1963/5 ～ 1974/11	11.5	1974 年 為 1970 年 代的第一波糖價高峰，也是目前糖價的歷史高點（=66.5），此年適逢第一次石油危機
1974/11 ～ 1980/11	6	1980 年 為 1970 年 代的第二波糖價高峰，此年適逢第二次石油危機
1980/11 ～ 1990/3	9.5	
1990/3 ～ 1995/1	5	
1995/1 ～ 2000/10	5.5	
2000/10 ～ 2006/2	5.5	
2006/2 ～ 2011/2	5	
2011/2 ～ 2016/10	5.5	
2016/10 ～ 2021（2）？	5 或 5.5 ？	

糖的季節性

　　冬天天氣寒冷，人類的食慾增加，糖類的消耗也較多，此時糖價通常處於高檔，且冬末時又是逢中國農曆新年，對於糖的需求量也會大增。到了 5 ～ 9 月，雖然有夏季的飲料需求，但是春季收成的糖庫存尚留存不少，此時價格通常處於低檔。

糖的未來展望

糖價目前（2018 年 5 月）仍在 10 ～ 15 元的區間遊走，對於歷史高點的 66.5 元而言，仍然相當低估。未來影響糖價的中短期關鍵還是產區氣候、巴西幣與油價的走勢；長期而言，印度的經濟成長必定會帶動糖的需求大增，各位讀者可以好好研究這些重要因素，以便從未來糖價的上漲中獲利。

糖的投資工具

糖在美國有 SGGB 與 CANE 共兩檔 ETN 可以投資，而以 CANE 成交量最大。

棉花小檔案 ▸棉花：新的白金

英文	Cotton
主要用途	纖維、食用油（棉籽油）、牲畜飼料（棉籽榨油之後的殘渣）
季節性	4 ～ 6 月最強勢、10 ～ 11 月最弱勢
之前歷史最高點	2011 年 3 月 = 227 美分 / 磅
1970 年代多頭之後的最低點	2001 年 10 月 = 28.2 美分 / 磅
最大生產國（2017 ～ 2018）	印度 > 中國 > 美國 > 巴西 > 巴基斯坦
最大使用國（2017 ～ 2018）	中國 > 印度 > 巴基斯坦 > 孟加拉 > 土耳其

資料來源：美國農業部（USDA）

棉花的基本性質

棉花是生長在熱帶和亞熱帶地區的一種常綠灌木，開花時花朵乳白色，花謝之後留下綠色小型的果實，形似鈴鐺，因此稱為「棉鈴」。錦鈴內有棉籽（種子），棉籽上的纖維從棉籽表皮長出，塞滿棉鈴內部。棉鈴成熟時裂開，露出柔軟的白色至黃白色纖維，長約 2 ～ 4 公分，而這些纖維就是棉花被拿來紡織的部分。棉籽雖然也可以製油，而榨油之後的棉籽殘渣可作牲畜飼料，但棉花的主用途就是用來製作衣料。由於棉布吸汗卻又透氣，比一般合成纖維製造的衣料更為舒適，因此雖然人類發明了合成纖維，但棉花始終是人類最主要的衣料纖維之一。

棉花在歷史上向來就不是默默無聞的作物，工業革命就因棉紡織相關機械的發明而蓬勃發展，所以棉紡織業是工業革命早期最重要的產業之一。到了 1860 年代，美國發生南北戰爭，就是因為南方各州蓄養黑奴做為棉田的主要勞動力來源，而棉花當時是美國重要的出口產品之一。而當時英國因為缺少美進口的棉花來源，濕冷的英國居然到處種滿了棉花！到了 2010 年，棉花價格（圖 5—18）暴漲影響到所有民眾的治裝成本，甚至引發中國居民大量提款出來買進內衣褲囤積的奇特現象！因此，要是說穀物價格是影響飲食價格變動的因素，那麼棉花就是影響衣料價格的最重要因素了。

圖 5—37 ▶ **1959 年 7 月年到 2018 年 5 月棉花價格（月線圖）**

資料來源：https://www.tradingview.com/chart/

棉花價格的主要驅動因子

（一）美元升貶值

　　與多數原物料相同，美元貶值時，棉花價格較容易上漲；美元升值時，棉花價格較容易下跌。

（二）通貨膨脹（或實質利率高低）

　　這點對於棉價的影響較小。

（三）棉花的供應

　　棉花生長在較乾熱的環境之中，寒冷的氣候和過多的水分是棉花的天敵，播種後約需 5 ～ 6 個月方可採收。2010 年中國棉花產量下降導致全世界價格

暴漲，就是因為過冷的氣候傷害了棉花的生長。而中國雖然是世界產棉最多的國家，但由於紡織業發達，因此世界上最大的棉花出口國反而是美國，中國每年還需要從美國進口大量棉花以供應國內需求。美國的棉花主要種植在南部各州，其中以德州最多，因此夏季的颱風要是頻繁侵襲此區，對於當年的棉花收成就有不利的影響。

（四）棉花的需求

棉花的需求極為穩定，較少發生大幅的波動。由於棉花是衣料纖維的一種，主要的競爭對手是合成纖維，而合成纖維是由石油煉製而成，因此，當油價高漲時，紡織業者可能增加使用棉花，因此棉花價格也較容易上漲。

圖 5—38 ▸ **1978 年到 2018 年棉花的生產、需求與庫存變化（生產－需求）**

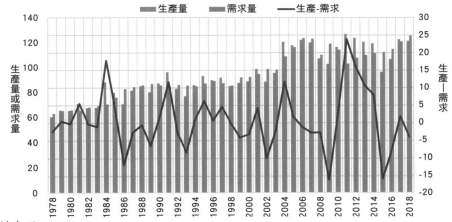

資料來源：USDA

圖 5—39 ▸ **1978 年到 2018 年棉花的庫存／需求比例**

棉花期末庫存/需求(比例)

資料來源：USDA

棉花的價格簡史

棉花的價格震盪較無規律，但自 1995 年創下 117.2 美元的歷史高點之後，價格一直下降到 2001 年才有較大的反彈。而 2010 年 5 月之後，因為棉花庫存大幅下降與茉莉花革命導致油價大漲，因此棉花價格也一路上漲，在 2011 年 3 月創下 227 美分的歷史新高！2015 開始，棉花已經有三年供不應求，未來若糧價大漲導致各國優先保障糧食供給，那麼棉花種植面積可能會縮減，因此棉花的價格也需要特別注意耕地競爭的兄弟—穀物的變動狀況。

結論——注意全球股市高估的風險

　　多數原物料在 2015 第四季到 2016 年第二季之間打底，到目前都已經有較顯著的漲幅，而筆者認為比較麻煩反而是全球股市目前已被過度高估：根據諾貝爾經濟學獎得主、耶魯大學經濟學系的席勒（Robert Shiller）教授將美國標準普爾 500 指數（S&P500）的本益比經通膨與移動平均調整之後改良成「循環調整本益比」（Cyclic Adjusted P/E，簡稱 CAPE），在 2018 年 1 月已經比大蕭條前的最高點（1929 年 9 月）還高！因此，若未來股市暴跌或崩盤，也勢必會拖累原物料價格，但黃金價格卻可能因此而大漲。**但當全球股市從這波大蕭條之中復甦之後（這波股市下跌不會像 2008 那樣，一年就結束，詳情請見我的上一本著作《掌握投資金律》），原物料的漲幅應該會比股市快，這是因為目前全世界原物料/股市的比例已經是數十年來最低點，之後原物料反彈應該會比股市快。**

　　席勒教授也在《非理性繁榮》（第三版）提出了一個更驚人的事實：目前美國可能是有史以來第一次，股、債、房三種資產價格都創歷史新高。而距離上一波股市空頭（美股從 2007 年 10 月下跌到 2009 年 3 月）已經過了約 10 年，股市的領先指標—債券市場已經開始下跌，今年或明年是否會再度發生股市暴跌呢？無論如何，目前股、債、房都過度高估（不止美國如此），原物料是相對被低估的資產，聰明的讀者你該如何選擇呢？

棉花的季節性

棉花在春夏之交播種，秋季收成，因此價格高點較常出現在每年的 4 ～ 6 月，而 10 ～ 11 月由於棉花正逢收成季節，因此價格通常處於低點（與玉米、黃豆類似）。

棉花的未來展望

棉花種植後，在半年之內即可收成，而耕地競爭的對像是穀物，因此也需要同時注意穀物價格。

棉花的投資工具

棉花在美國有 BALB 這檔 ETN 可以投資。

附錄一　重要的原物料資訊網站

原物料種類	機構或刊物名稱	資料公布頻率	網址
全部	Investing.com（提供原物料即時報價的網站）	即時報價	https://www.investing.com/commodities/real-time-futures
全部	tradingview（提供原物料線圖的網站）	即時報價	https://www.tradingview.com/chart/
各種貴金屬	Kitco	隨時	http://www.kitco.com
	Gold Field Mineral Service（GFMS，黃金礦業諮詢服務網）	每年一次	http://www.gfms.co.uk/
金	World Gold Council （WGC，世界黃金協會）	隨時	http://www.gold.org/（以每季發布一次的「黃金需求趨勢」最重要 http://www.gold.org/investment/research/regular_reports/gold_demand_trends/）
	台灣銀行黃金日報、周報、月報	日、周、月	http://www.bot.com.tw/Gold/GoldAnalyse/Pages/default.aspx

原物料種類	機構或刊物名稱	資料公布頻率	網址
銀	Kitco Silver	隨時	http://www.kitcosilver.com/index.html
	The Silver Institute（白銀協會）	隨時	http://www. silverinstitute.org/
	iShare Silver（全世界最大的白銀 ETF）	隨時	http://us.ishares.com/product_info/fund/overview/SLV.htm
鉑、鈀	PGM Market Report（白金族市場報告，由 Johnson Matthey 發布）	半年一次	http://www.platinum.matthey.com/services/marmar-research
各種能源	U.S. Energy Information Administration（EIA，美國能源資訊管理局）	每周三：油品庫存 每周四：天然氣庫存	http://www.eia.doe.gov/
	International Energy Agency（IEA，國際能源署）	隨時	http://www.iea.org/
	Organization of the Petroleum Exporting Countries（OPEC，石油輸出國組織）	隨時	http://www.opec.org/opec_web/en/

原物料種類	機構或刊物名稱	資料公布頻率	網址
各種貴金屬及工業金屬	U.S. Geological Survey（USGS，美國地質調查所）	隨時	http://www.usgs.gov/
	American Bureau of Metal Statistics（ABMS，美國金屬統計局）	隨時	http://www.abms.com/
	World Bureau of Metal Statistics（WBMS，世界金屬統計局）	隨時	http://www.world-bureau.com/
	America Metal Market（AMM，美國金屬市場）	隨時	http://www.amm.com/
銅	Scrap Price Blletin（廢金屬價格期刊）	隨時	http://www.scrappricebulletin.com/
	International Copper Study Group（ICSG，國際銅研究組織）	隨時	http://www.icsg.org/
鋁	International Aluminium Institute（IAI，國際鋁業協會）	隨時	http://www.world-aluminium.org/
	The Aluminum Association（國際鋁業組織）	隨時	http://www.aluminum.org/

原物料種類	機構或刊物名稱	資料公布頻率	網址
鉛、鋅	International Lead & Zinc Study Group（ILZSG，國際鉛鋅研究小組）	隨時	http://www.ilzsg.org/static/home.aspx
鎳	International Nickel Study Group（國際鎳研究小組）	隨時	http://www.insg.org/
錫	International Tin Research Institute（ITRI，國際錫研究協會）	隨時	http://www.itri.co.uk/
小麥 黃豆 玉米	United States Department of Agriculture（USDA，美國農業部）	每周四：作物出口銷售報告 月：World Agricultural Supply and Demand Estimates（WASDE，世界農業供需預估） 季：Grain Stocks（穀物庫存） 每年 3 月底：Prospective Plantings（種植面積預估）	http://www.usda.gov

原物料種類	機構或刊物名稱	資料公布頻率	網址
咖啡	United States Department of Agriculture （USDA，美國農業部）	半年（6、12 月）	http://usda.mannlib.cornell.edu/MannUsda/viewDocumentInfo.do？documentID=1801
	International Coffee Organization （ICO，國際咖啡組織）	隨時	http://www.ico.org/
可可	International Cocoa Organization （ICCO，國際可可組織）	隨時	http://www.icco.org/
糖	United States Department of Agriculture （USDA，美國農業部）	半年（5、11 月）	http://usda.mannlib.cornell.edu/MannUsda/viewDocumentInfo.do？documentID=1797
棉花	United States Department of Agriculture （USDA，美國農業部）	每月一次	http://usda.mannlib.cornell.edu/MannUsda/viewDocumentInfo.do？documentID=1486
	International Cotton Advisory Committee （ICAC，國際棉花諮詢委員會）	隨時	http://www.icac.org/
	Cotton Outlook （棉花展望）	隨時	http://www.cotlook.com/

附錄二 氣候資料查詢

機構或刊物名稱	網址
National Oceanic and Atmospheric Administration（NOAA，美國國家海洋大氣署）	http://www.noaa.gov/
National Hurricane Center（美國國家海洋大氣署轄下的「國家颶風中心」）	http://www.nhc.noaa.gov/index.shtml
ENSO Outlook at Bureau of Meteorology（澳洲氣象局的聖嬰現象預報）	http://www.bom.gov.au/climate/enso/outlook/

NOTE

國家圖書館出版品預行編目 (CIP) 資料

原物料投資最該搞懂的事 / 盧冠安作 . -- 初
版 . -- 臺北市 : 今周刊 , 2018.08
204 面 ; 17X23 公分
ISBN 978-986-96499-4-0(平裝)

1. 商品期貨　2. 期貨交易　3. 投資

563.534　　　　　　　　　　107010528

投資贏家 026

原物料投資最該搞懂的事

作　　者　盧冠安
編　　輯　洪春峰
校　　對　洪春峰、盧冠安、饒志民
行銷副理　胡弘一
封面設計　黃馨儀
內文排版　簡單瑛設

發 行 人　謝金河
社　　長　梁永煌
副總經理　陳智煜

出 版 者　今周刊出版社股份有限公司
地　　址　台北市南京東路一段96號8樓
電　　話　886-2-2581-6196
傳　　真　886-2-2531-6438
讀者專線　886-2-2581-6196轉1

總 經 銷　大和書報股份有限公司
製版印刷　緯峰印刷股份有限公司

初版一刷　2018年9月
定　　價　320元

Investment

Investment

Investment

Investment